通勤大学基礎コース

相談の技術

能力開発インストラクター
大畠常靖＝著
Tsuneyasu Ohata

通勤大学文庫
STUDY WHILE COMMUTING
総合法令

はじめに

企業の研修を担当していると、質問を受けることがよくあります。研修時間の中にも質問の時間を設けているのですが、その時間には質問がなく、休憩時間になると大勢の人が質問のために集まってきます。

質問の内容が個人的なことだという意識があるのでしょうか。研修時間の中で質問をせず、個人的に聞きに来るわけです。いわば、これは相談です。

質問も、相談も、自分のわからないことや、迷っていること、悩んでいることに対して、他の人の知恵・知識をいただくという行為です。しかし、人によって、その答えにたどりつくのが上手な人と、そうでない人がいます。

その原因の一つに、「話し方」が関係しているのではないかと思います。特に、相談は本人にとって大切な問題を扱います。ときには、人生を変えるような相談もあります。それなのに、伝わる話し方をしていない人が多いということを切に感じます。

私自身も、人生を変えた相談の体験があります

四〇歳のときに、「話し方」を教える講師になろうとしたときのことです。三〇歳から

話し方の勉強を始めて、いつかは話し方の講師の仕事をしてみたいと考えていました。

四〇歳になったとき、その夢もそろそろ潮時かなと思いました。当時、勤めていた生命保険会社では安定した立場におり、経済的に恵まれていました。

転職したらゼロからの出発になりますので、家族にも迷惑を掛けるのではないか、また、地方に転勤して一カ月しか経っていなかったので、ここで辞めたら、会社の方々にも迷惑をかけるのではないかと考えていました。

一カ月考えても結論が出ませんでしたので、そのときの上司に相談しました。上司の答えは、「会社に残るのであれば、私が責任を持って身柄を預かる。どうしても転職をしたいのなら早く決断しろ。これまでも転職する人を見てきたが、決断が遅れれば遅れるほど状況は悪化する。早く、新しい世界に飛び込むことが必要だ」ということでした。

その場で決断し、その晩、「話し方」の研修をしている会社の社長の自宅を訪問し、「給料はいらないから、会社に入れて欲しい」と申し入れました。相談することによって、他の人の話をヒントにして決断ができたのです。

メリットとともに、デメリットがあると人間は迷うものです。そのときに、自分と異なる視点を提示されると決断ができるのです。また、悩んだときに、考えるヒントをいただけると、それまで気づかなかった新たな視野が広がるのです。それが相談の効果です。

相談は相談内容によって、大きく三つに分けることができます。

一つは、法律に基づくアドバイスをお願いする相談です。

交通事故や相続など、法律による判断が必要な場合です。このような相談には、専門家もたくさんいますし、本も数多く出版されています。また、相談所も開設されています。この場合は、法律の知識が武器になりますので、手遅れにならないうちに、専門家に相談することをすすめます。

二つ目は、他の人に知恵を借りる相談です。

同じ相談をしても、人によってアドバイスの内容は違います。絶対に正しいという回答はありませんので、どのアドバイスを生かすかは、相談した相手との人間関係や自分の気持ちに合うかどうかによっても違ってきます。**本書はこのジャンルの相談を念頭に置いて書いています。**

三つ目は、アドバイスを求めるよりも、悩みを聞いてもらいたいという相談です。

悩みを聞いてもらえた、わかってもらえたと感じたときに、相談した本人は満足するのです。

本書に書いてある項目とコラムは、こうあるべきだという理想を述べたものではありません。もちろん、プライバシーの問題がありますので、事例などは一般化してありますが、私が身近で体験したこと（直接体験、間接体験を含めて）を基本としています。

人類は、知恵を積み重ねることによって問題を解決し、文明を発展させ、豊かな生活を築き上げてきました。

一人ひとりの人間も、他の人の知恵を借り、問題を解決することによって、豊かで、楽しい生活を送ることができるのです。相談は人間の知恵袋を開くことなのです。

相談のしかたを本に書いておきたいと以前から考えていましたので、今回このようなチャンスをいただいたことは私にとっても幸いなことでした。

最後になりましたが、総合法令出版の川上聡さんに、いろいろなアイディアをいただき、また、資料集めにも積極的にご協力いただきました。心よりお礼申し上げます。

平成一五年八月　夏が戻った日に

大畠常靖

目次

第5章 具体的な相談の技術

第6章　相談後にすること

第2部　相談の受け方

第1章　相談されたらすること

第3章　聞き方の技術

第4章　解決案の示しかた

第5章 解決のための4つのステップ

本文イラスト 八木美枝

【第1部】　相談のしかた

第1章

どうして相談するのか

1 相談とは何か

相談と一口に言っても、相談内容には軽いものから、「生きるのがつらい」などという深刻なものまでさまざまです。しかし、その相談が軽いか重いかは一概に内容だけでは決められません。

軽い相談だとしても、相手にされなかったときには精神的にショックを受けるでしょう。一見深刻そうに見えても、注目されたいために相手に振り向いてほしいという場合もあります。内容にかかわらず、相談相手を受け入れる姿勢が大切です。

相談とは、**相手に話を聞いてもらい問題の解決を図る行為**です。話を聞いてもらうことにより、アドバイスをしてもらったり、自分で気づいたりするわけです。

ところが、「自分の恥をさらしたくない」とか、「どうせ無駄だから」とあきらめて、相談しない人が増えています。自ら、人との関わりを避け、壁を作り、苦しんでいるのです。

相談するには勇気を出して一歩を踏み出すことです。

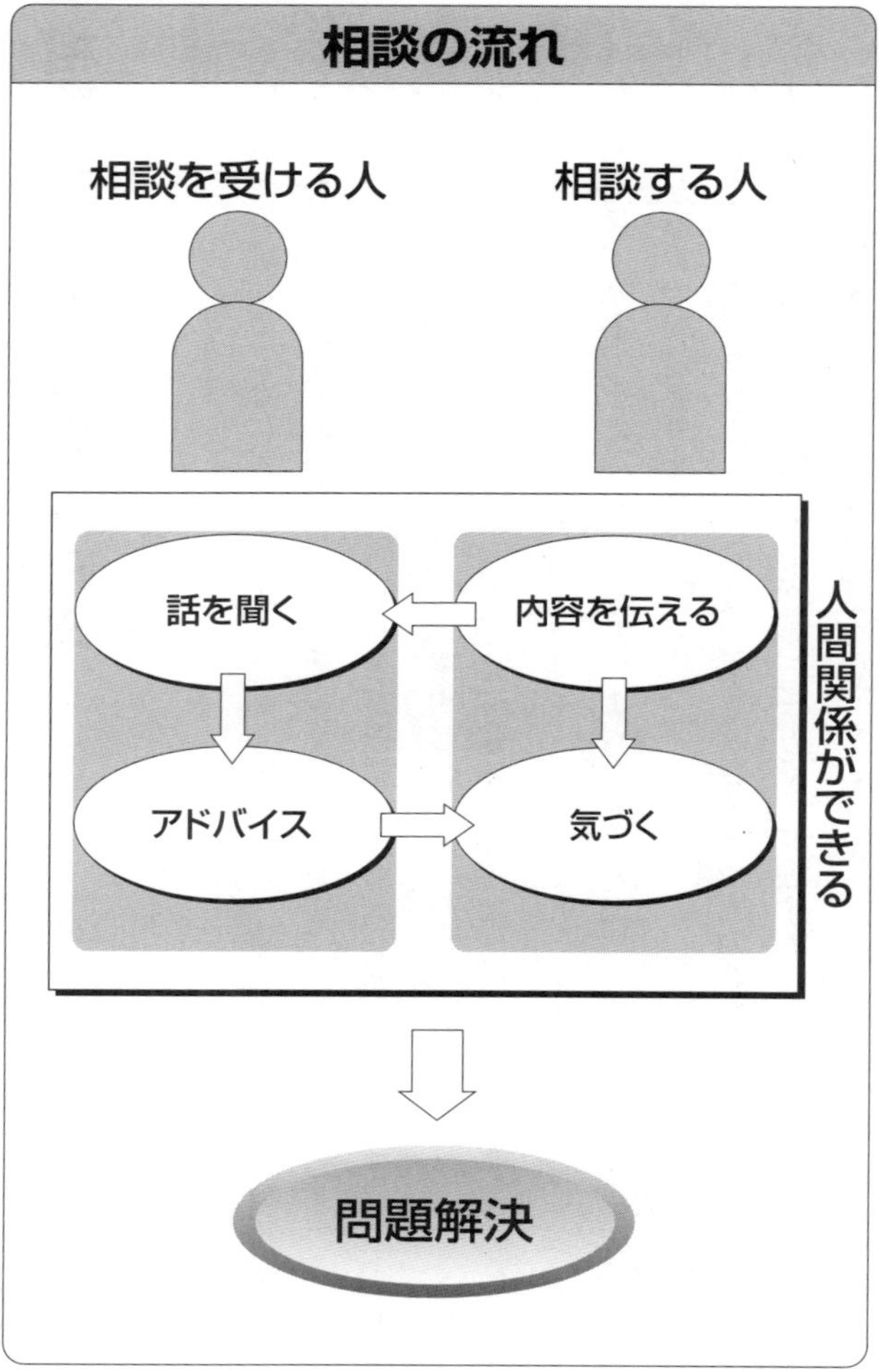
相談の流れ
相談を受ける人
相談する人
話を聞く
内容を伝える
アドバイス
気づく
人間関係ができる
問題解決

2 相談することが増えた理由

人は初めて経験することに対して不安を感じるものです。逆に、情報がたくさん与えられると、どれを選択してよいのかわからず迷ってしまいます。

経験をしていなくても、他の人の行動など参考にするものがあれば不安は少なくなりますが、見たこともないことに対して不安は募ります。

ビジネスにおけるマナーなどはその代表例かもしれません。家庭生活と働く場が切り離された現代では、身近に参考とするものが少なくなりました。しかも、マナーはその場における人間関係、立場、その場の状況などによって異なるため、必ずしも基本的な知識だけで対応できるものではありません。

経験することでのみ理解できることは、本を読むことや人の話を聞くなどをして知るしかありません。現代は情報や知識が氾濫する一方で、経験することが少なくなっています。そのため、ますます相談することは増えていくでしょう。

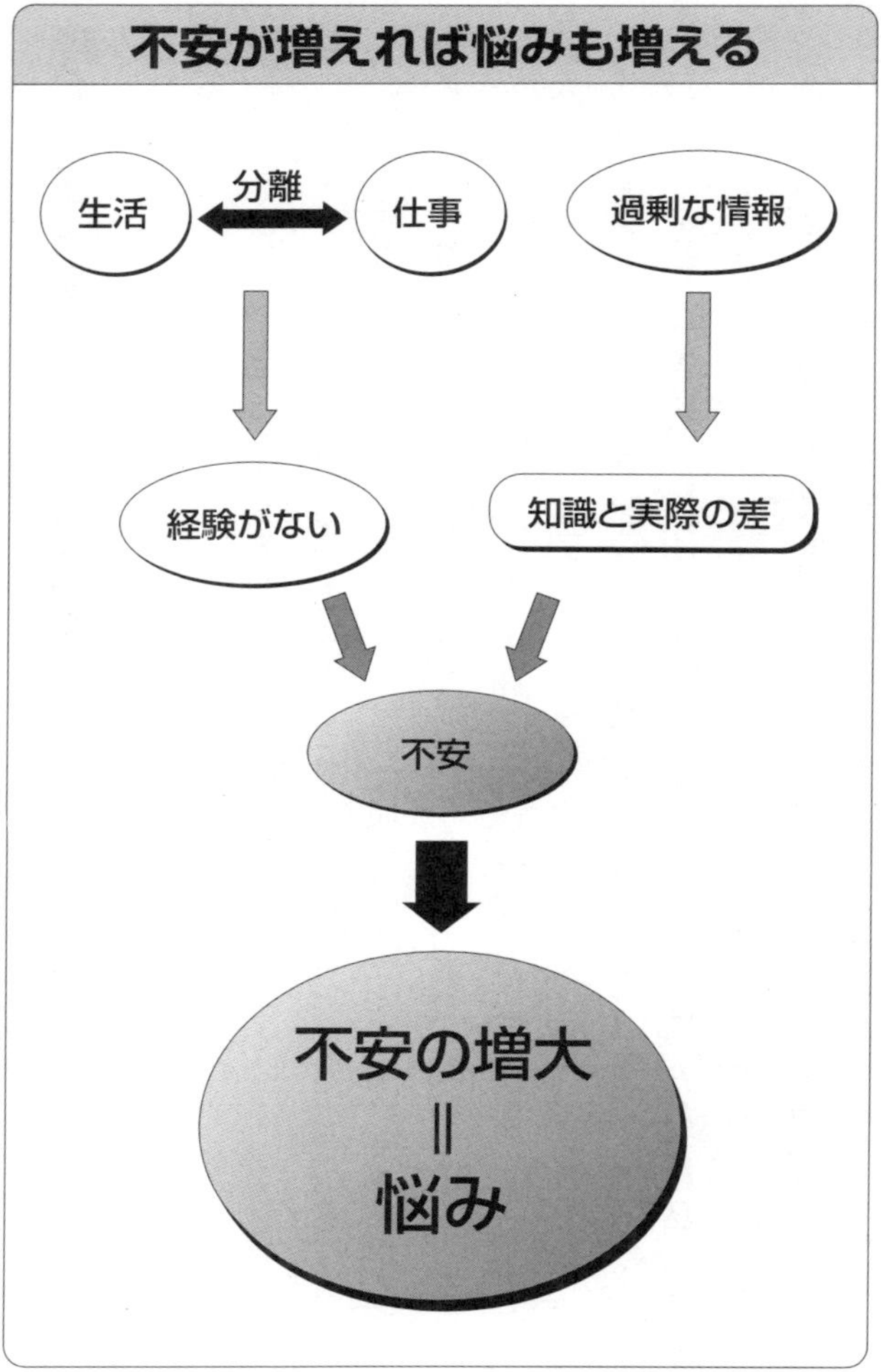
不安が増えれば悩みも増える
生活
分離
仕事
過剰な情報
経験がない
知識と実際の差
不安
不安の増大
||
悩み

3 考えを整理するための相談

考えが矛盾したり、答えがなかなか出ないことはたくさんあります。

二〇〇三年度入社の新入社員にアンケートをとり、その結果が発表されました。その中で「デートと仕事のどちらを優先するか」という設問に対して、「仕事」と答えた人が多く、新入社員に対して「モーレツ社員」という見出しをつけた新聞もありました。

しかし実際にデートの相手から、「私と仕事のどっちが大事」と聞かれたら、「仕事」を選ぶ人は少ないのではないでしょうか。

「仕事と家庭」のどちらを選択するかは、仕事をする人にとっては永遠の悩みでしょう。もし、あなたが**どちらを選択したらよいかわからなくなったときは、だれかに話してみることが**必要です。話しているうちに自分で気づいたり、矛盾点を突かれ考え直したりして、考えが整理されるのです。「仕事と家庭」という選択でも、どちらがより大事かということではなく、どちらも大事だということがわかってくるでしょう。

話すことによって悩みは整理される

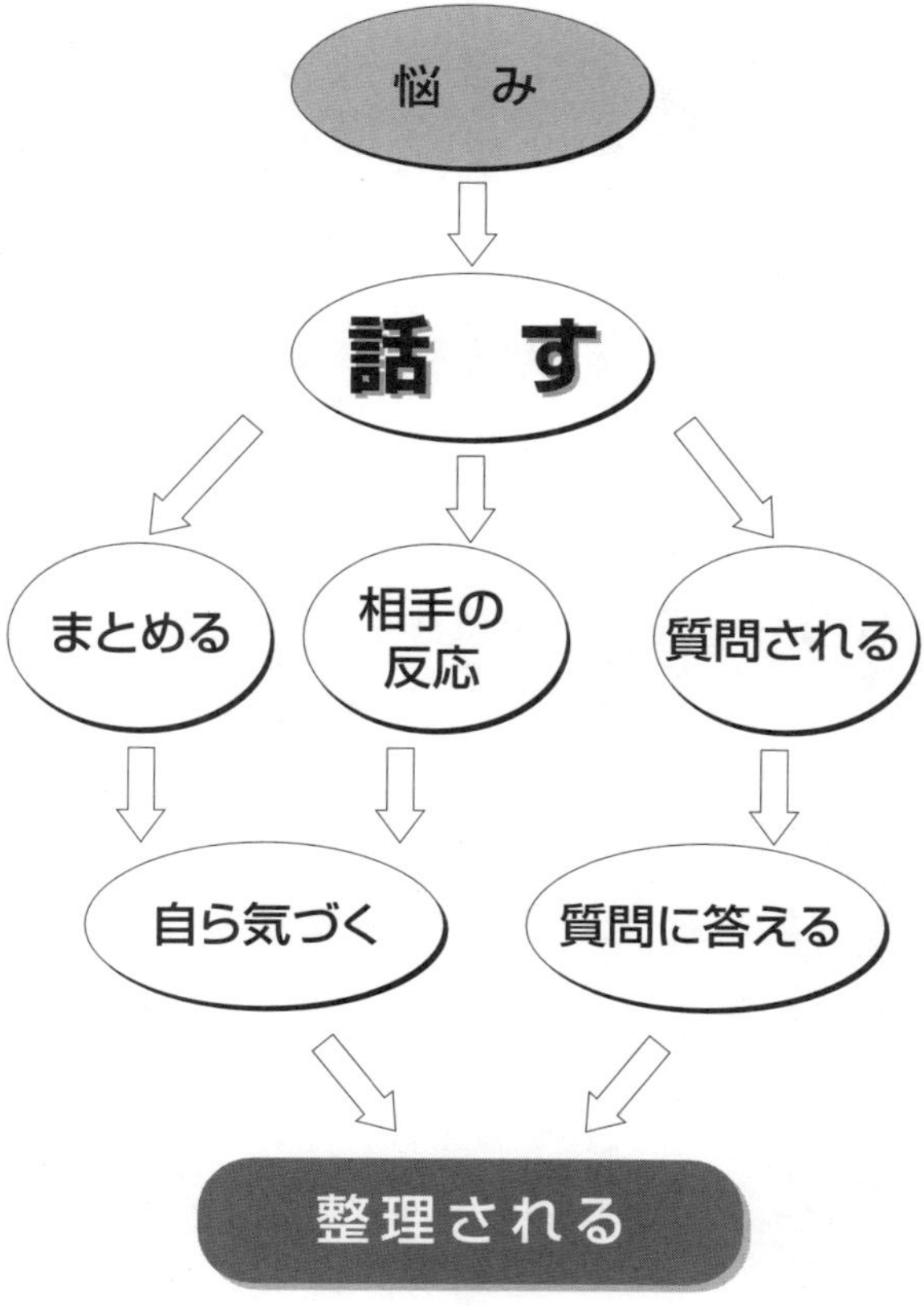

4 考えを確認するための相談

自分の過去の経験だけをもとに部下を指導する管理者がいます。営業研修を担当するとこのような悩みをよく耳にします。

社内でお客様に渡すための資料を作っていると、「部屋にいたのでは仕事にならない、飛び込みの営業をしてこい」などという指導がその一例です。商品やサービスの情報が広く行き渡っている現在では、飛び込み営業を活動の中心にするのには無理があります。

このようなときは、外部の研修会に参加するなどして、自分の考えを確認します。場合によっては、講師を会社に呼び、上司を含めた研修会を開き、上司にも現在の営業活動の方法をわかってもらってもよいでしょう。

これは、学校の選択や就職の選択などでもそうです。過去の経験だけに頼った対処では間違いを犯すことになります。**自分の考えに自信を持つためにも、周りと意見の食い違いに悩んだときは相談すること**です。

確認することで自信は強くなる

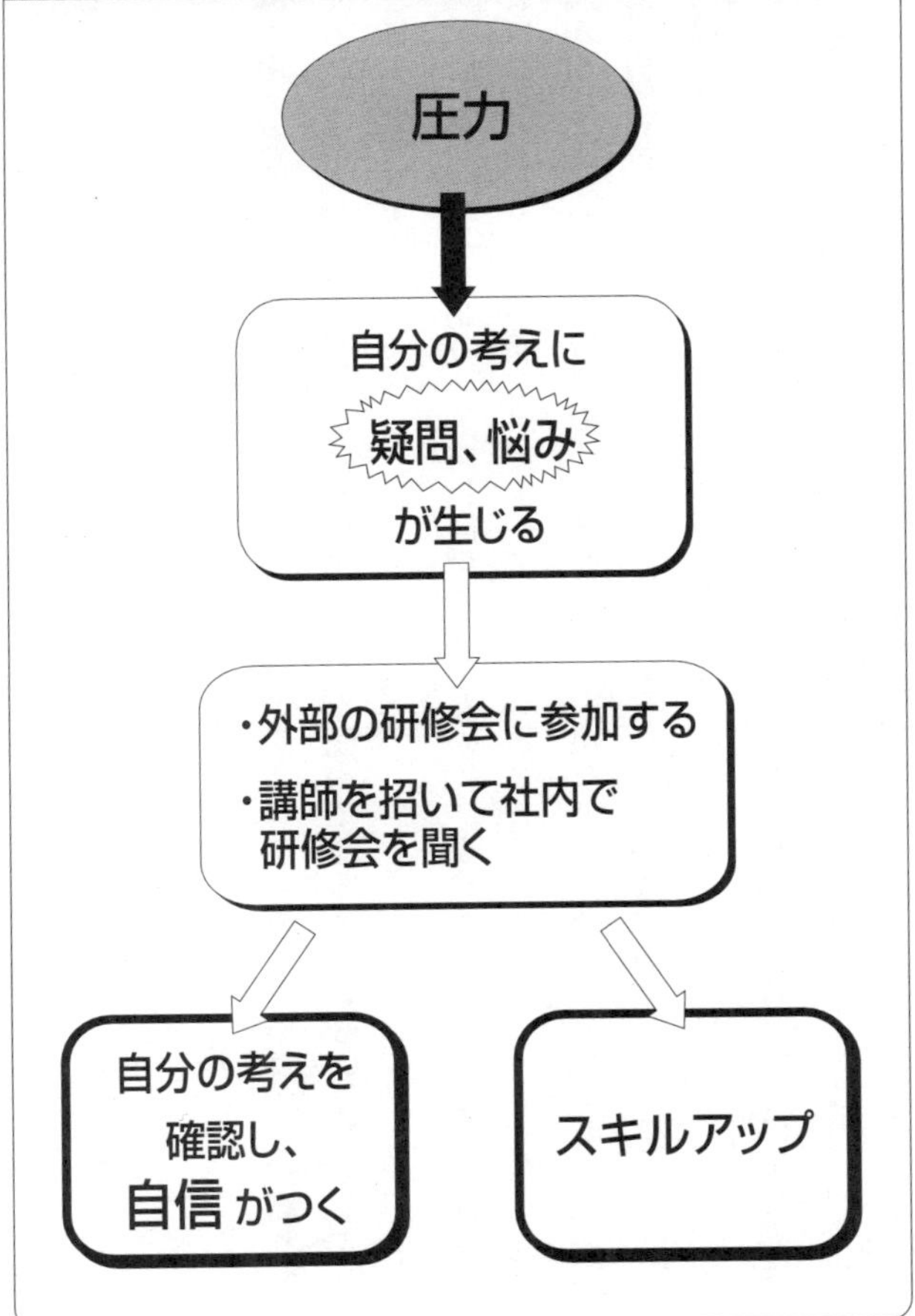
圧力
自分の考えに
疑問、悩み
が生じる
・外部の研修会に参加する
・講師を招いて社内で
研修会を聞く
自分の考えを
確認し、
自信がつく
スキルアップ

5 わかってもらうための相談

組織の中で有能な人ほど仕事をたくさん抱え、忙しくしています。それでも、周りが認めてくれていると自ら感じていればよいのですが、**認めてもらえていない**と感じるようになると悩みになります。

他の人は仕事に余裕があり、五時以降はフリーなのに、なぜ自分だけがこんな苦労をしなければならないのかと不満が出てきます。

不満が出てきたら自分だけで溜め込まないで、上司など自分のことをわかってほしいと思う人に相談してください。自分の苦労を知ってくれている人がいるとわかっただけでも気持ちは治まるものです。

また、あなたが仕事をしていることをわかっていても、日本人の特質で口に出してほめたり、ねぎらったりできないこともあります。思い切って相談することにより、自分のことをわかってくれていたということが確認できるのです。

理解されることによる安心感

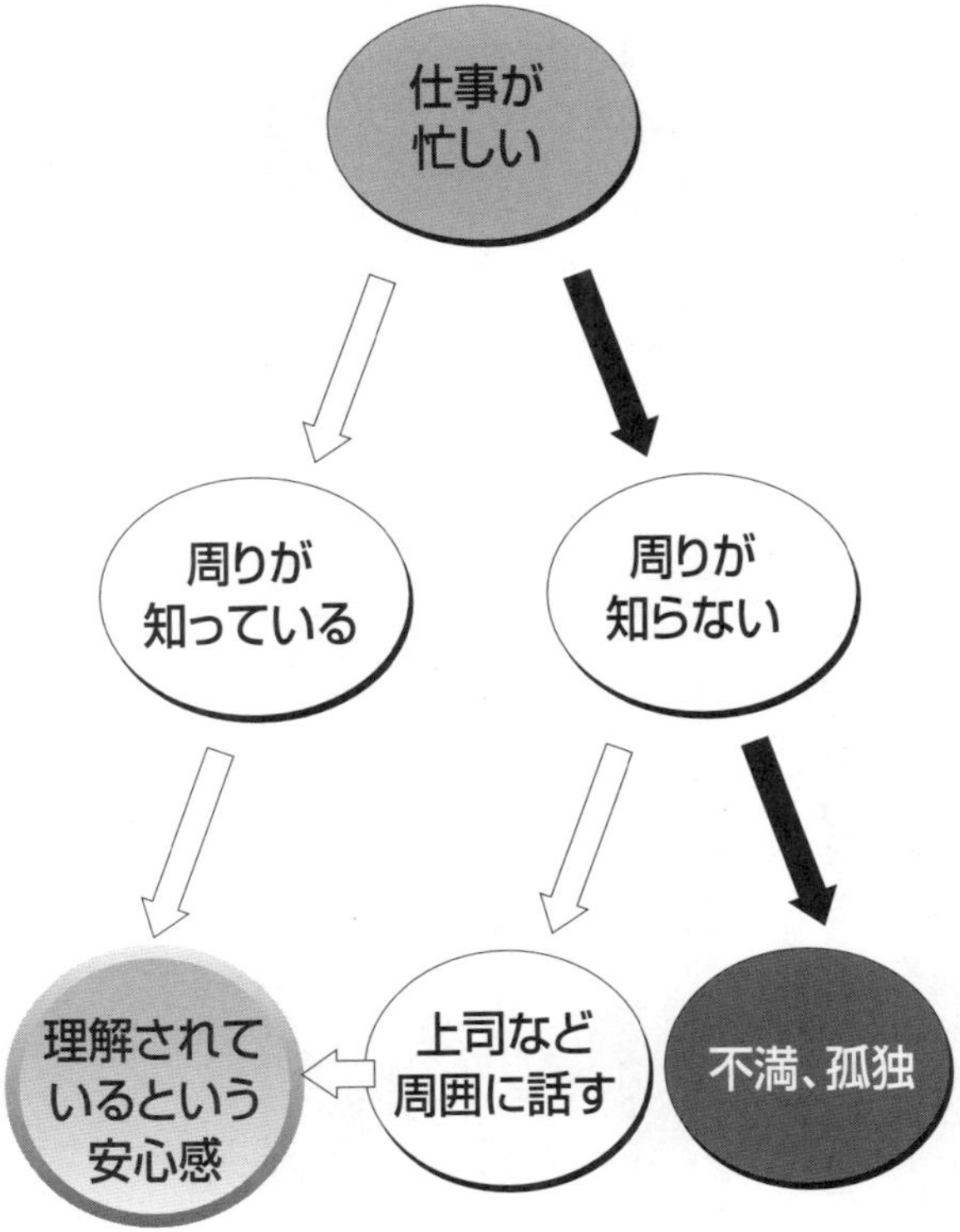

6 人間関係をよくするための相談

仕事のできる部下に対しては、よくやってくれているという頼る気持ちと同時に、自分の権限を侵すのではないかというライバル視する気持ちが同居することもあります。

ましてや、会議などで周りが注目するような発言をするなど、自分以上に目立つ存在になると部下を敵視しかねません。こうなりますと、上司も部下も、お互いに居心地が悪くなります。

人間関係をよくするためにも、ときには上司の顔を立てることも必要なのです。つまり、上司の顔を立てるために相談するのです。また、事前に上司に情報を知らせたり、上司の意見を取り入れたりするなどの配慮をするとよいでしょう。

また、上司に相談を持ちかけるというのは、**上司の能力を買っている、相談に足る人物だということを間接的に表しています。**だれでも自分の価値を認めてくれる人間に対して、悪い気はしないはずです。

相談は信頼を得るきっかけになる

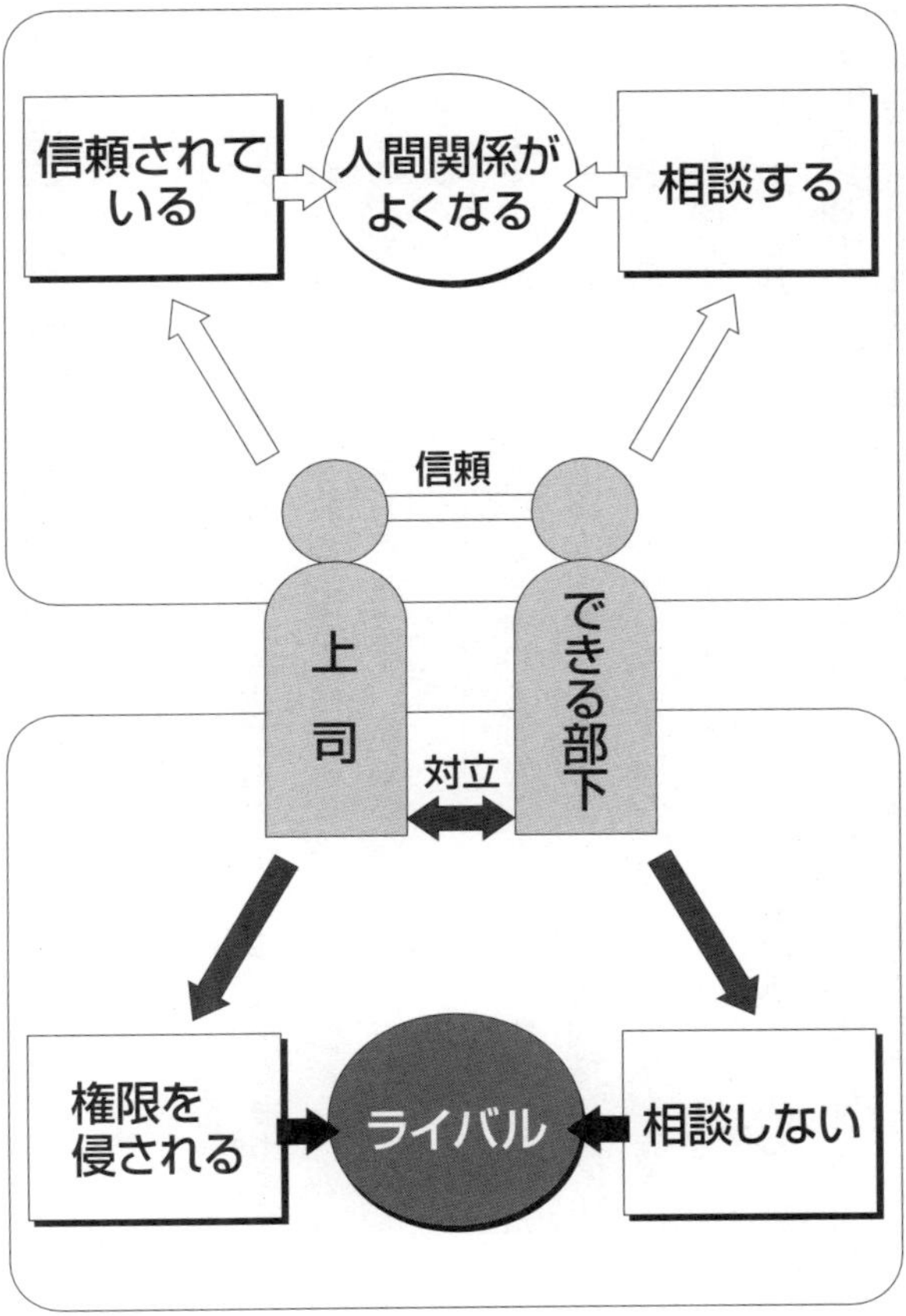

7 世の中の基準を知るための相談

自分がやってきたことが否定されたり、自分の意に沿わないことを強制されると悩みになります。たとえば、リストラの対象になったときなどがそうです。

人は自分の経験の中で、価値判断をしがちです。経験が浅い場合は、自分のいる世界のみが基準になることがよくあります。

私は銀行でリストラ（社員の移籍）のお手伝いをしたことがあります。社員は給与が下がるといって不満たらたらでした。しかし、給与の額を聞くと、その地域の給与水準よりもはるかに高い金額でした。「今までが恵まれ過ぎていたのではないですか」と話しましたが、彼らがそれを認識するまでには時間がかかりました。

同じ状況にいるからと仲間内で不満を言っているだけでは何も解決しません。自分の生活や仕事の範囲から離れた人に相談することも大切です。**世の中の基準を知り、気持ちを切り替えて事態に対処すれば、悩みから解放されることも少なくありません。**

新しい考えの作り方

世の中の基準を知ることにより
新しい考えが生まれる

内部で不満のキャッチボールを
しているだけでは解決しない

8 問題の所在を把握するための相談

原因不明の病気ほど不安なものはありません。漫画家のはらたいらさんは、体調不良の原因が男性の更年期だとわかったらホッとしたと本に書いていました。

「具合が悪い」という状況に病名が付き、治療方針が示され、治るということがわかれば安心できるのです。仕事のことでも、家庭のことでも同じなのです。なぜうまくいかないのかということがわかれば、何らかの対処法が考えられます。

自社が納入している部品の売り上げが落ちている理由がわからない間は、自分の努力が足りない、納入先の担当者に嫌われている、自社のサービスが悪いからなどと自分を責めるばかりで、悩みは深くなるだけです。

なぜ売り上げが落ちてきたのかを、納入先の担当者に相談してみたらよいのです。その部品を使った製品自体の売り上げが鈍っているのかもしれません。他社の部品の方が安いのかもしれません。原因がわかれば対処法はいくらでもあるはずです。

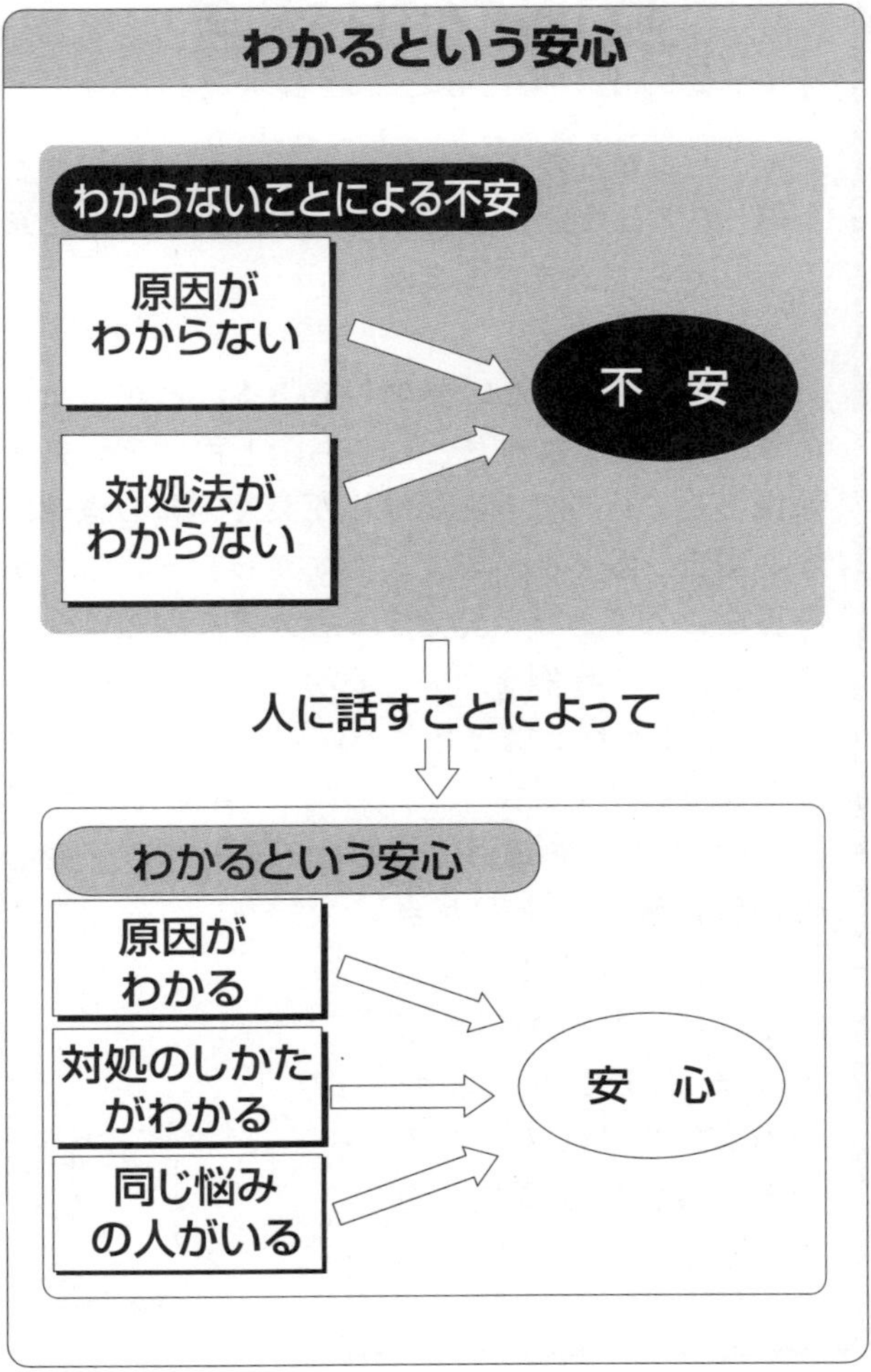
わかるという安心
わからないことによる不安
原因がわからない
対処法がわからない
不 安
人に話すことによって
わかるという安心
原因がわかる
対処のしかたがわかる
同じ悩みの人がいる
安 心

お悩み相談室

～その１　不正なことを要求された～

Q 上司から要求されていることが不正になるのではないかと思うのですが、断れません。どうしたらよいでしょうか。

A 上司があなたに要求していることが、たとえ不正なことだとしても、上司はそれまで習慣として行ってきた可能性が高く、罪の意識がない場合が多くあります。ですから、そのことが不正なことであり、発覚すると大きな問題になることを、まず事例を用いて説明してください。たとえば、「それで摘発された例がありますが、どうしますか」と聞いてください。命令であれば、「業務指示書」を書いてもらってください。命令が記録に残り、上司が自分の責任になることを意識すれば、状況も変わってくるはずです。また、他の人に相談して、いろいろな会社の基準を知ることも方法です。

【第1部】 相談のしかた

第2章

相談できない理由

1 相談相手が見つからないために

相談相手が見つからない理由は二つあります。

一つは、普段の生活の中で**人間関係を作る努力をしていない**場合です。人間関係ができていなければ、相談どころかコミュニケーションもとれていないはずです。そのため孤立してしまい、悩みが深くなり、精神的に追い込まれてしまうこともあります。

まず、あいさつから始め、人間関係を作る努力をします。相談には、あまり知られたくない内容も含まれることもあるので信頼できる人間関係は大きな意味を持ちます。

もう一つは、自分にとって**都合のよい答えばかり期待している**場合です。都合のよい答えが返ってこないと、相談の相手にならないと感じてしまうのです。

しかし、相談は自分と異なる視点で答えが返ってくるところに意味があるのです。相手が見つからないとあきらめる前に、身近な人に話しかける気持ちで口を開いてはどうでしょうか。

相談相手が見つからない理由

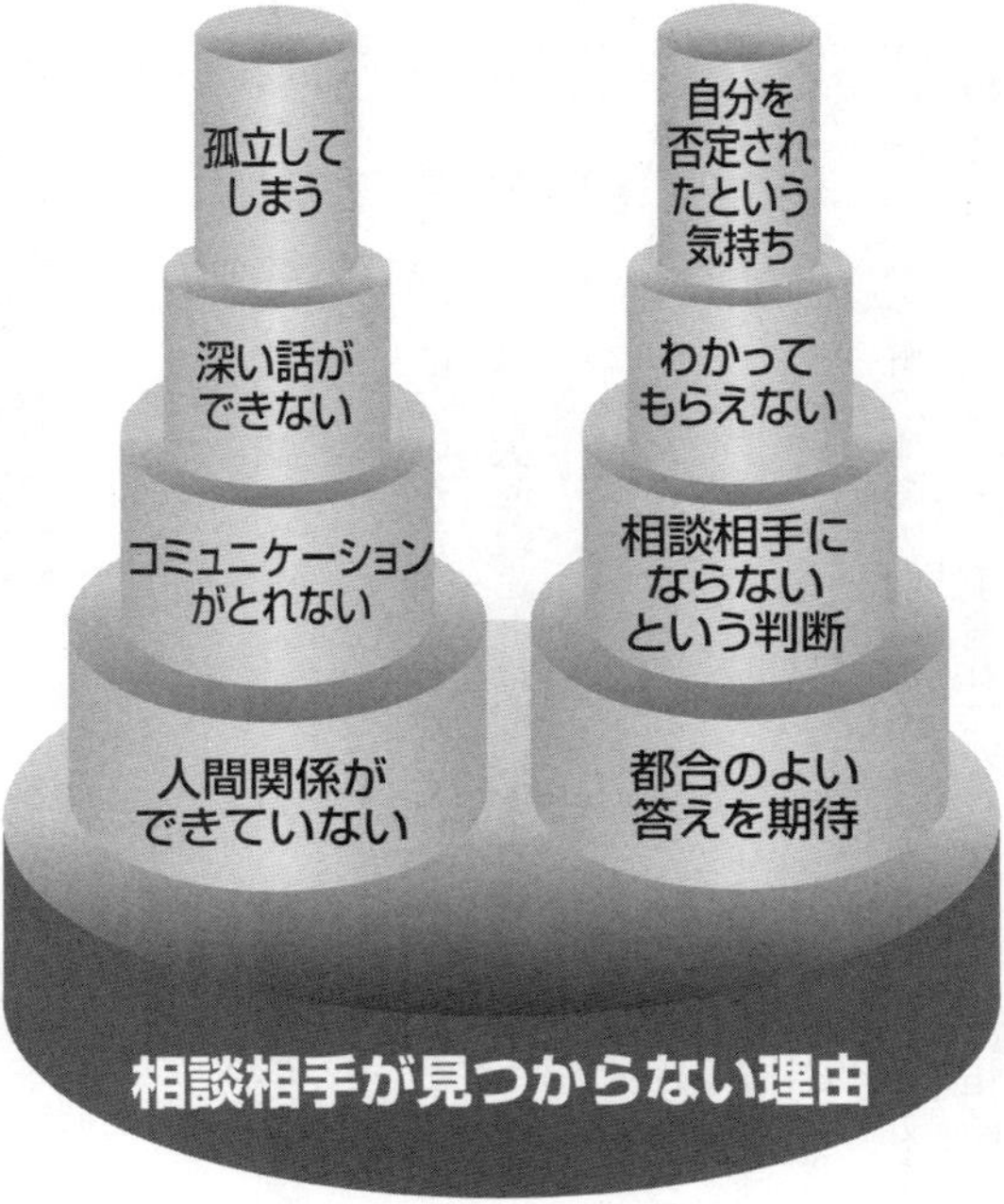
孤立してしまう
深い話ができない
コミュニケーションがとれない
人間関係ができていない
自分を否定されたという気持ち
わかってもらえない
相談相手にならないという判断
都合のよい答えを期待
相談相手が見つからない理由

2 悩みを知られたくないために

だれでも悩みを持っています。その悩みを人に話せるか、話さずに一人で悩み続けるかはその人の生き方によります。

悩みを人に知られてしまうのではないかと、人との付き合いを避け、孤立してしまった人を知っています。周りから見れば、大したことはないと無責任に考えがちですが、本人にとっては悩みは深刻です。

悩みを隠そうとしても、周りにいる人間にはわかるものです。隠そうとするために、行動が不自然になるからです。また、隠すことで悩みが深くなることもあります。

相談したら、「なんだ、そんなことで」という反応はよくあることです。悩みを隠すよりも、適切な人に相談し、悩みを解決する方向に進めた方が楽しい生き方ができるでしょう。**だれでも悩みを持っているもの**と考え、手遅れにならないうちに相談し、解決を図るようにしてください。

悩みを隠さない

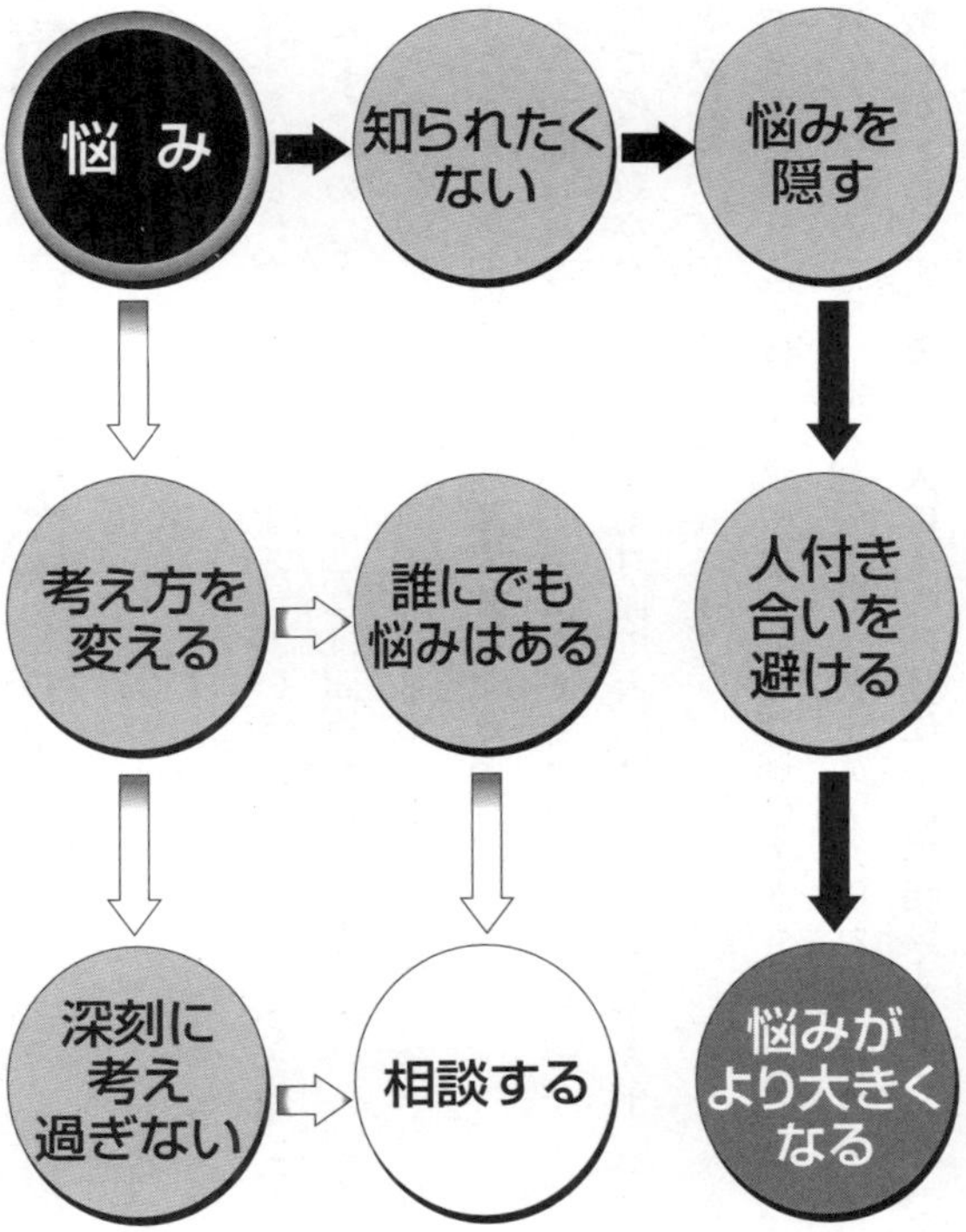
悩 み
知られたくない
悩みを隠す
考え方を変える
誰にでも悩みはある
人付き合いを避ける
深刻に考え過ぎない
相談する
悩みがより大きくなる

3 立場を気にしているために

「人に相談すると負けたような気がする」という人がいます。だから、同僚や部下、家族に相談したくないのだというのです。これは間違った考え方です。

日本では、人を総合的に評価する傾向があります。学校の入学試験や、会社の中で業績評価するときなどが代表的で、総合成績で評価するわけです。

しかし、実務が問われる社会では、一芸に秀でていることが重要です。宣伝に力を発揮する人、経理などの数字が得意な人、初対面で人間関係を作るのがうまい人、人脈が広い人、情報を豊富に持っている人などさまざまです。

役職が上であるということは、立場や総合的な評価は上かもしれませんが、すべてに優れているわけではないのです。ある部分では、部下の方が優れているということも多いものです。役職にかかわらず、**優れた人にその部分について相談する**ことは、よい結果を生み出す方法の一つです。

優れていることは立場を気にせず相談する

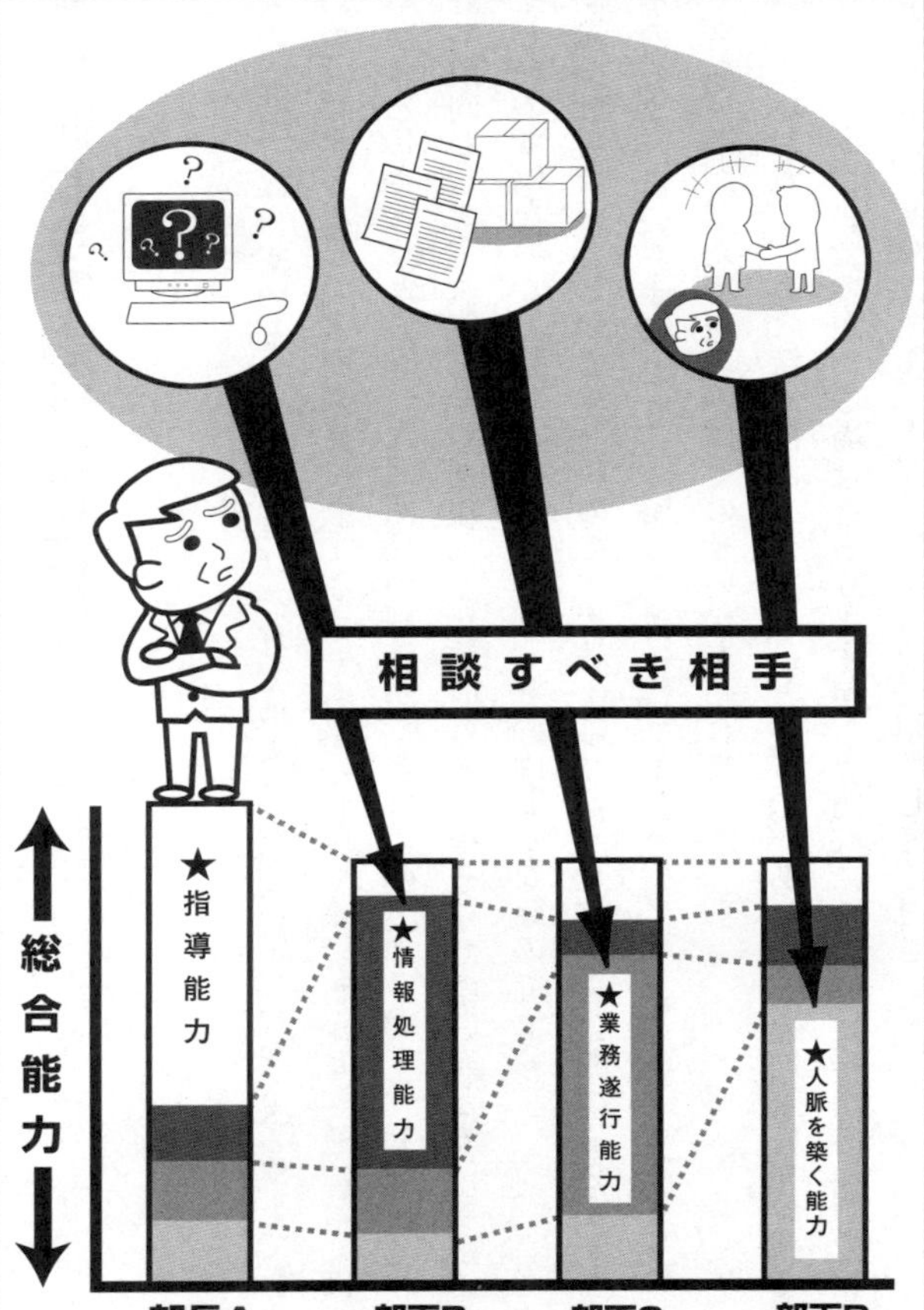
相談すべき相手
総合能力
★指導能力
★情報処理能力
★業務遂行能力
★人脈を築く能力
部長A
部下B
部下C
部下D

4 人との関わりを避けるために

都会の生活では、家のドアを閉めればそれで他人との関係はシャットアウトできます。そのため、わずらわしい人間関係に悩まなくても済むわけです。しかし、逆に言えば、いろいろな人と付き合うという、人間関係の訓練ができないのです。

最近の傾向として、家族を含めた親しくしている人と、そうでない人との付き合い方の差が激しいのではないかと感じます。つまり、その中間がないのです。

両極端な付き合い方しかできないので、相談するには、すべてを公開する必要があると恐れるのです。自分をすべてさらけださなければならないプレッシャーを感じるのです。相談できない人が増えているのはそのせいかもしれません。

相談したいけれど、人と深く関わりたくないというのであれば、専門家に相談する方法もあります。少しお金のかかる場合もありますが、専門家には守秘義務があるので相談内容が漏れることはありません。手遅れになる前に相談してください。

人付き合いが苦手な人は専門家に相談する

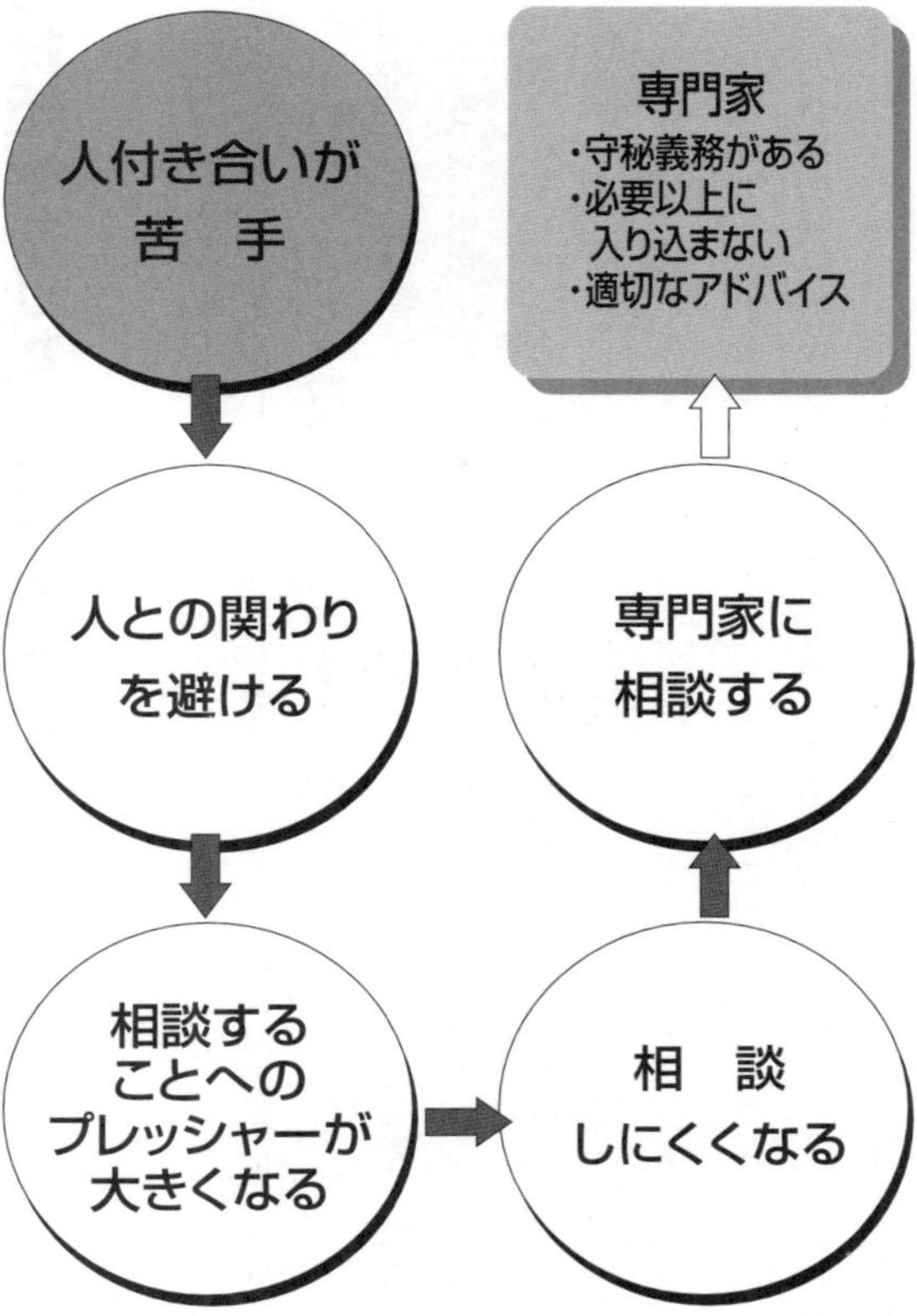
人付き合いが
苦　手
人との関わり
を避ける
相談する
ことへの
プレッシャーが
大きくなる
相　談
しにくくなる
専門家に
相談する
専門家
・守秘義務がある
・必要以上に
入り込まない
・適切なアドバイス

5 相手に負担をかけたくないために

「どうせ、自分なんて相手にしてくれないだろう」「忙しいのに時間を取らせて悪い」などと言って、相談することを躊躇する人がいます。

これは、相手のことを考えてというよりも、相談する勇気がなかったと考えた方がよいでしょう。もちろん、相談は相手がいてこそ成り立つものであり、気遣いも必要です。しかし、いくら相手の気持ちを推し量っても自分の悩みは消えません。

相談する相手が本当に親しい人であれば、問題が大きくなったときに、「何で早く相談してくれなかったのだ、いくらでも手はあったのに」と思うはずです。親友と思っていたけれど、本当は信頼してくれなかったのだと苦い思いを抱かせるかもしれません。

忙しい人ほど時間の使い方がうまく、素早く処理するものです。もし、その人自身で解決できなくても、適切な相談相手を紹介してくれるかもしれません。まずは第一歩を踏み出さなければ、突破口は見えてきません。

勇気を持って相談する

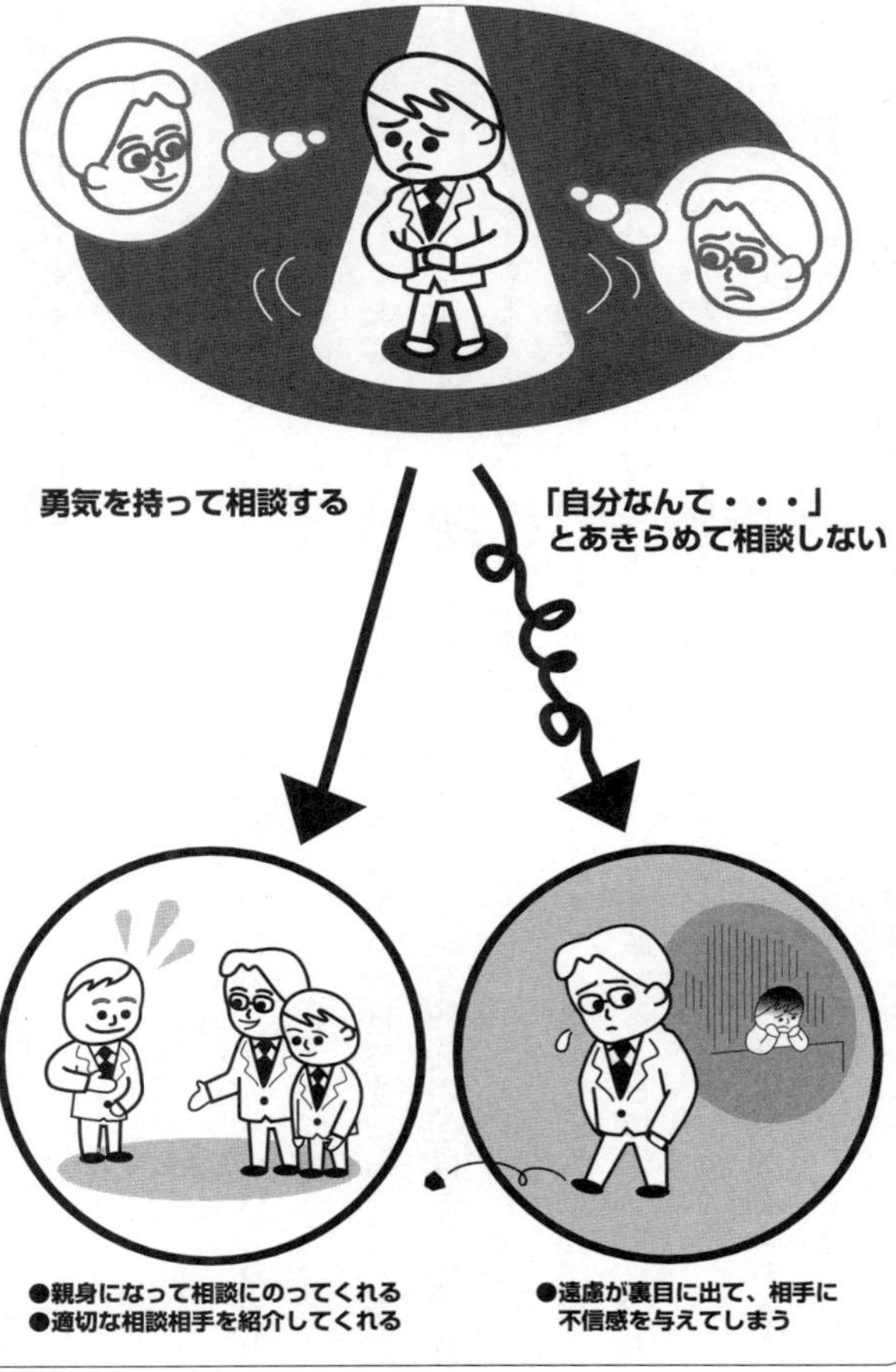
勇気を持って相談する
「自分なんて・・・」
とあきらめて相談しない
●親身になって相談にのってくれる
●適切な相談相手を紹介してくれる
●遠慮が裏目に出て、相手に
不信感を与えてしまう

6 損害を受けたくないために

うかつに相談すると、見返りを要求されたり、だまされて高いものを売りつけられたりしないかと損害を恐れて相談できない人がいます。

確かに、相談は隠しておきたい自分の内面まで話すこともあるわけですから、それを逆手に取られたら、大きな損害を被ることになります。また、相談を商売の手段として、詐欺まがいのことをしている人もいることは事実です。

ですから、相談相手は慎重に選ばなければなりません。大して面識のない人に相談するなどは考えが足りません。相手の身分、立場を確認してから相談することです。また、あやしい場所に連れて行かれるなどしたときも警戒が必要です。

過去に痛い目にあって、相談ができないという人は、まず公的な機関で相談をするとよいでしょう。無料の場合も多く、身分のしっかりとした人が相手をしてくれ、だまされることはありません。その上、適切な相談相手を紹介してくれます。

相談相手は信頼できる人を選ぶ

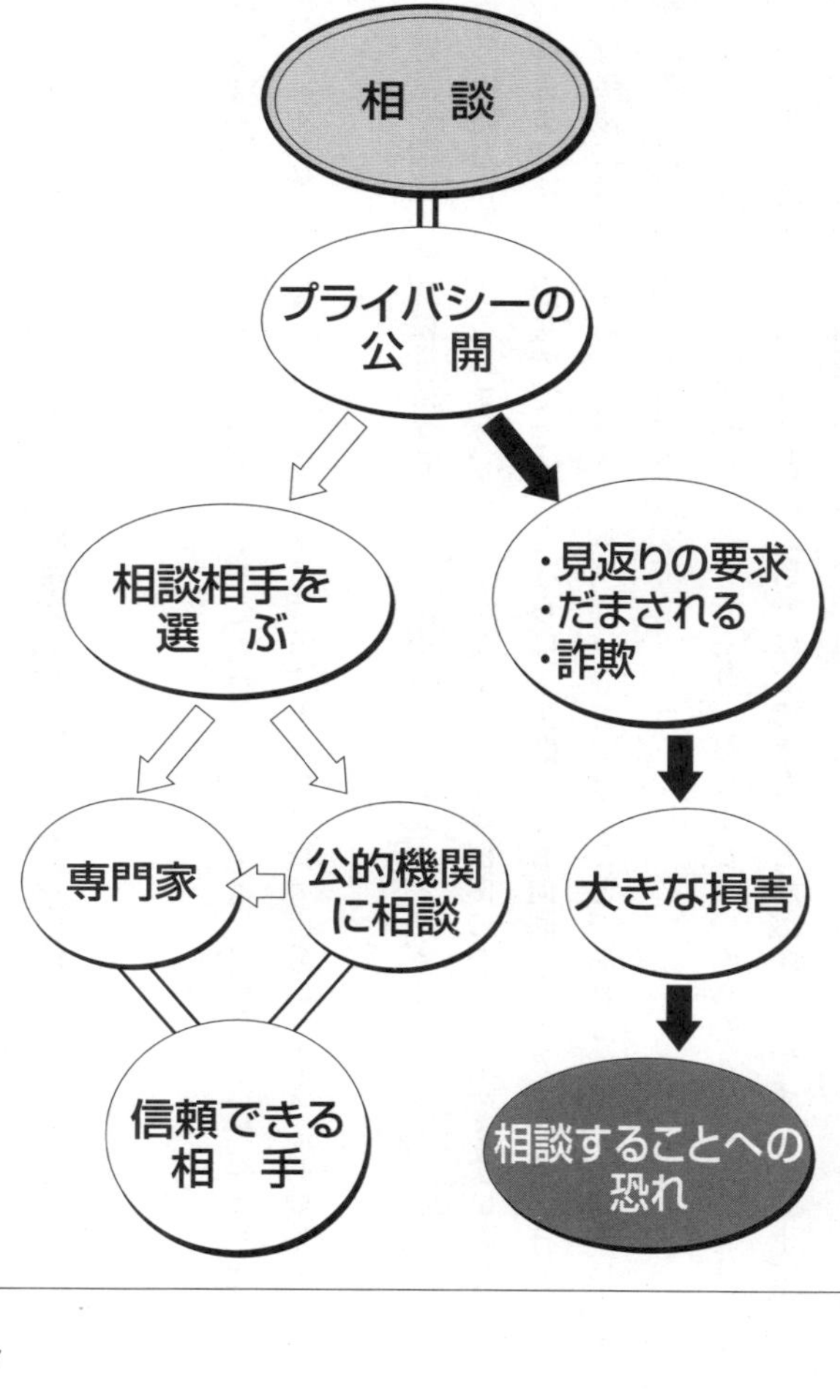
相 談
プライバシーの公 開
相談相手を選 ぶ
・見返りの要求
・だまされる
・詐欺
専門家
公的機関に相談
大きな損害
信頼できる相 手
相談することへの恐れ

7 自分だけで解決できると過信しているために

楽観的な考え方をすることは大切ですが、「自分の努力しなければならないこと」と、「他人がやってくれるという期待」「環境が変わることへの期待」は分けて考える必要があります。

他人の好意や環境の変化に期待するだけでは不確定な要素が多過ぎます。

逆に自分の能力を過信するあまり、なんとかなるという「根拠のない自信」もよい結果には結びつきません。努力してできることならば、失敗しても何回でもやり直すという覚悟でやれば最後には成功するでしょう。本当に自分でできることであれば、困った状況に追い込まれる前に何らかの手が打てたはずです。

「悩んでいる状態」とは打つ手がないときであり、打つ手がないから悩んでいるのです。困った状況に追い込まれたということは、自分にはできないと認識すべきです。その上で、他の人に助けを求めたり、相談をするのです。

過信を生み出す4つの原因

不確定な条件
環境が
変われば……
誰かが
やってくれる、
協力してくれる
自分でできるという
過 信
根拠のない
自信
楽観的過ぎる
考え方
安易な条件

8 問題の解決をあきらめているために

「ヤミ金融から借金をし、強引な取り立てによって自殺した」という記事が新聞に載っていました。悪徳業者に引っかかり、借りた金額の何倍ものお金を請求され、毎晩催促されたという手紙が残されていたということでした。

自分たちだけで何とかしようと思ったのか、それとも、方法がなく解決をあきらめてしまったのかもしれませんが、その前に、なぜ相談をしなかったのでしょうか。

このような事件は、新聞やテレビでも数多く取り上げられ、解決の方法が取り上げられています。確かに、人は自分が経験したことのない恐怖に出会うと、立ちすくんでしまいます。しかし、解決をあきらめてはいけません。

このような場合、たとえ本人があきらめていても、身近な人が相談する場所に引っ張っていくことで救われることもあります。自分の手に余ると思ったときは、身近な人に相談してみることです。

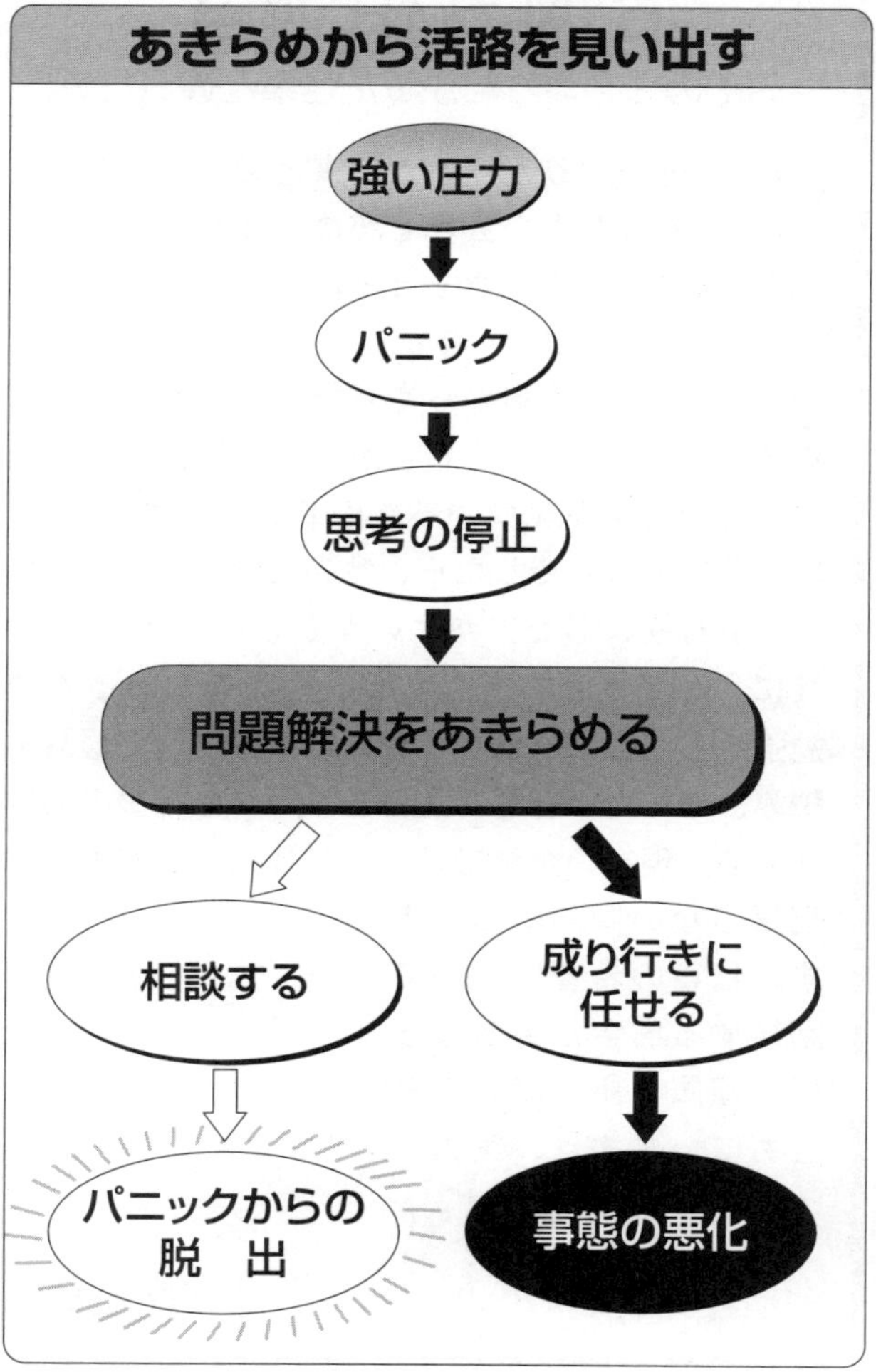
あきらめから活路を見い出す
強い圧力
パニック
思考の停止
問題解決をあきらめる
相談する
成り行きに
任せる
パニックからの
脱　出
事態の悪化

お悩み相談室

～その２　やりたかった仕事と違った～

Q 自分がやりたかった仕事と違う仕事を与えられました。会社を辞めようかとも思っていますが、決心がつきません。

A 会社に入る前からやりたい仕事があったのでしょうか。それとも、会社に入ってからやりたい仕事が見つかったのでしょうか。「会社に入る前から」でしたら、今の会社を辞めて、新しい会社を探した方がよいかもしれません。「会社に入ってから」でしたら、能力をつけるため、勉強をし、資格を取り、今の仕事を通して経験を積み、やりたい部署に入るチャンスを待つのも方法です。現在の企業では、その仕事の即戦力しか配属しない傾向にあります。仕事の希望について面接する機会があるならば、転属を訴え続けるとともに、まずは、実力をつけることが先決です。

【第1部】 相談のしかた

第3章

相談相手の見つけ方

1 相談相手にはどのような人がいるか

相談するには相手が必要です。親しい人に相談しているという人は多いでしょう。しかし、親しい相手だと愚痴を言って終わりということにもなりかねません。愚痴を言うことも、自分のことをわかってもらう意味では相談の効果がありますが、あくまでも**相談の最終的な目的は問題が解決されること**なのです。

相談相手は、相談内容によって変わります。医者にかかるときも、病気の種類が違えば違う医者を選ぶでしょう。それと同じです。相談内容をよく考えて、適切な相手を選んでください。

身近に適切な相手が見つからない場合は、相談相手を探すことから始めます。人を探すときの鉄則は紹介を受けることです。

まずは、身近な人に「○○を知りたいのですが、詳しい人をご存じありませんか」と聞いてください。この第一歩を踏み出すことが、問題解決への第一歩なのです。

主な相談する対象

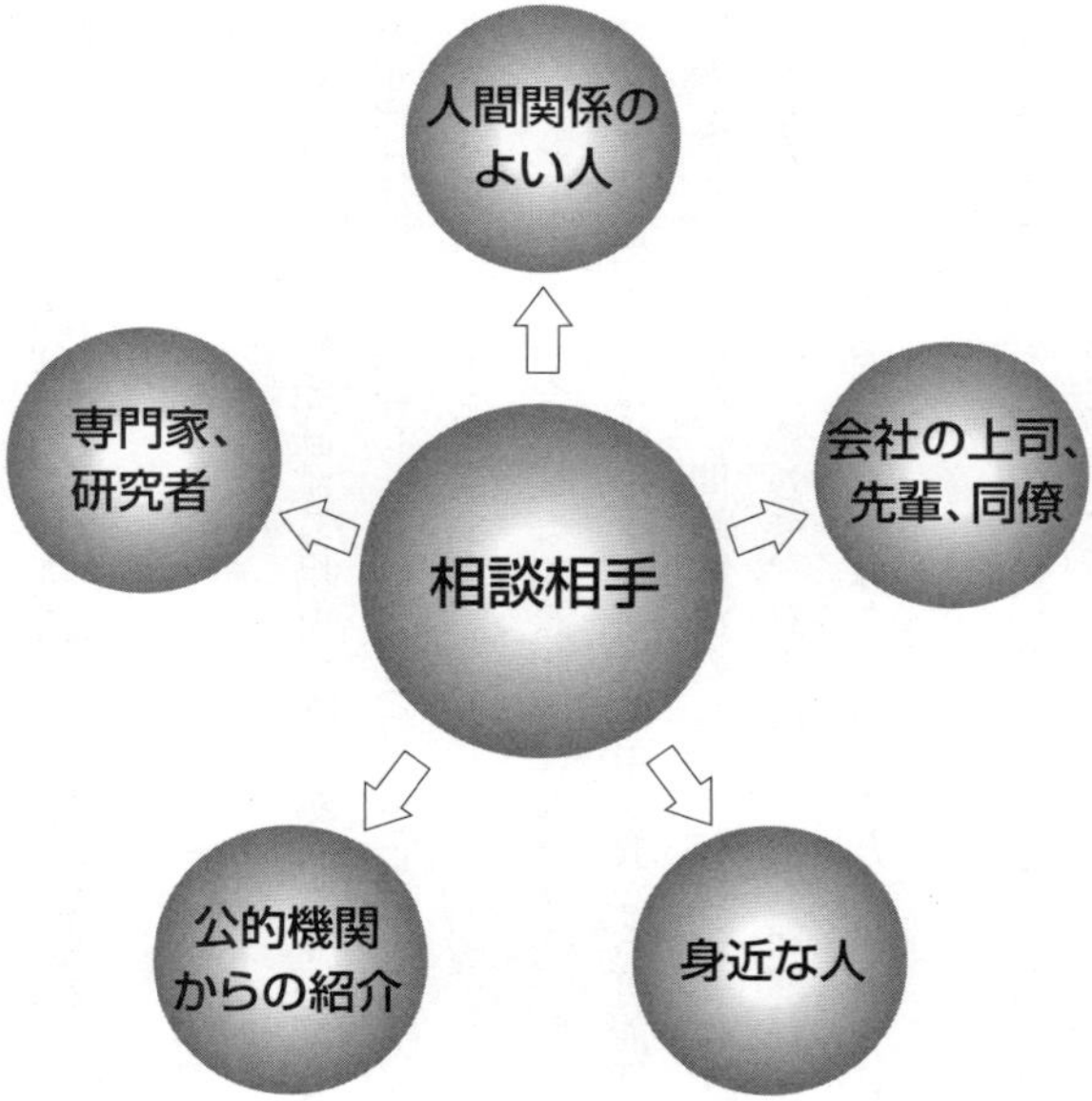
人間関係の
よい人
専門家、
研究者
会社の上司、
先輩、同僚
相談相手
公的機関
からの紹介
身近な人

2 身近な相談相手にはどのような人がいるか

会社に勤めている人は、社内に相談する場所がある場合も多いでしょう。常駐はしていなくても、専門家が週に何回か来社して相談を受けるというところも見かけます。「予約でいっぱいですよ」などという話も聞きます。

専門的な窓口でなくても、上司や先輩も相談相手になります。同じような仕事をしてきたので、同じようなことで悩んだはずです。時代背景が異なる可能性もあり、直接役立つ話ばかりではないかもしれませんが、問題解決のヒントにはなるはずです。

また、同僚や後輩も同じ環境にいるので、あなたのことを理解している点では有力な相談相手になります。ただし、大勢で酒を飲みながらですと、愚痴をこぼし合うだけで終わることはよくあります。

家族も大切な相談相手ですが、逆に近くにいることで感覚が似過ぎるせいで、問題解決には結びつかないこともあるので注意してください。

身近な相談相手

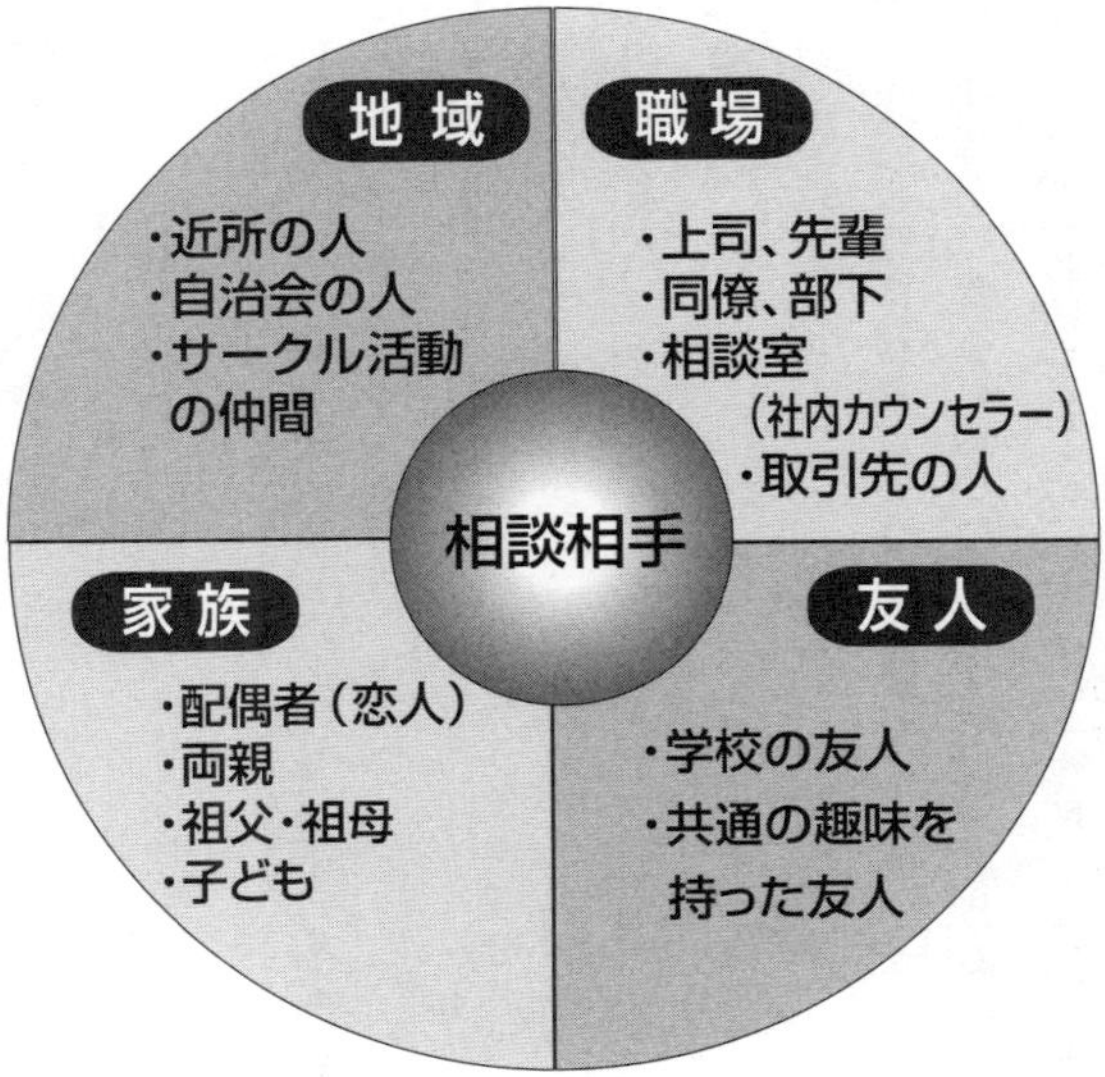
地域
・近所の人
・自治会の人
・サークル活動の仲間
職場
・上司、先輩
・同僚、部下
・相談室（社内カウンセラー）
・取引先の人
相談相手
家族
・配偶者（恋人）
・両親
・祖父・祖母
・子ども
友人
・学校の友人
・共通の趣味を持った友人

3 相談相手の条件

相談相手は相談内容によって変わると述べましたが、共通する条件もあります。

①話をよく聞いてくれる人
②話の内容を理解してくれる人
③自分の考えを押しつけない人
④自分と違う感覚を持っている人
⑤相談内容を他に漏らさない人

五つの項目すべてを持っている人が、いわばカウンセラーです。しかし、一般の人に、訓練を受けたカウンセラーのようになれというのは難しいものです。すべてを満たしていなくても、これらの点で期待ができると感じたならば相談するとよいでしょう。

この他に、「相談内容と類似の体験を持っている人」「専門的な知識を持っている人」などがいればさらによいでしょう。

相談相手5つの条件＋2

①話をよく聞いてくれる人

②話の内容を理解してくれる人

③自分の考えを押しつけない人

④自分と違う感覚を持っている人

⑤相談内容を他に漏らさない人

＋

⑥相談内容と類似の体験を持っている人

⑦専門的な知識を持っている人

4 相談相手の探し方

相談相手を探すときに、真っ先に思いつくのが身近な人でしょう。ただし、相談者に対して感情移入してしまうので、うまくいくときとそうでないときの差が出ます。

公的機関で紹介してもらい相談相手を探す方法もあります。公的機関では信頼できる人を紹介してくれる反面、面会時間や相談回数などいろいろな制約があります。

知り合いを通じて、紹介してもらうという方法もあります。この場合、公的機関よりもある程度自由が利くのがメリットです。

いろいろな研修会に参加して探す方法もあります。研修会や勉強会を通して見れば、その人が得意としている分野や人柄などがわかるので選ぶ際の参考になるでしょう。

新聞や雑誌、本、テレビ、インターネットから探す方法もあります。ただし、新聞や雑誌、本の場合は編集者が連絡先などを確認していますが、インターネットでは管理者が確認せずに書きこんでいる場合もあるので正しい情報かどうかには注意が必要です。

相談相手を見つけるポイント

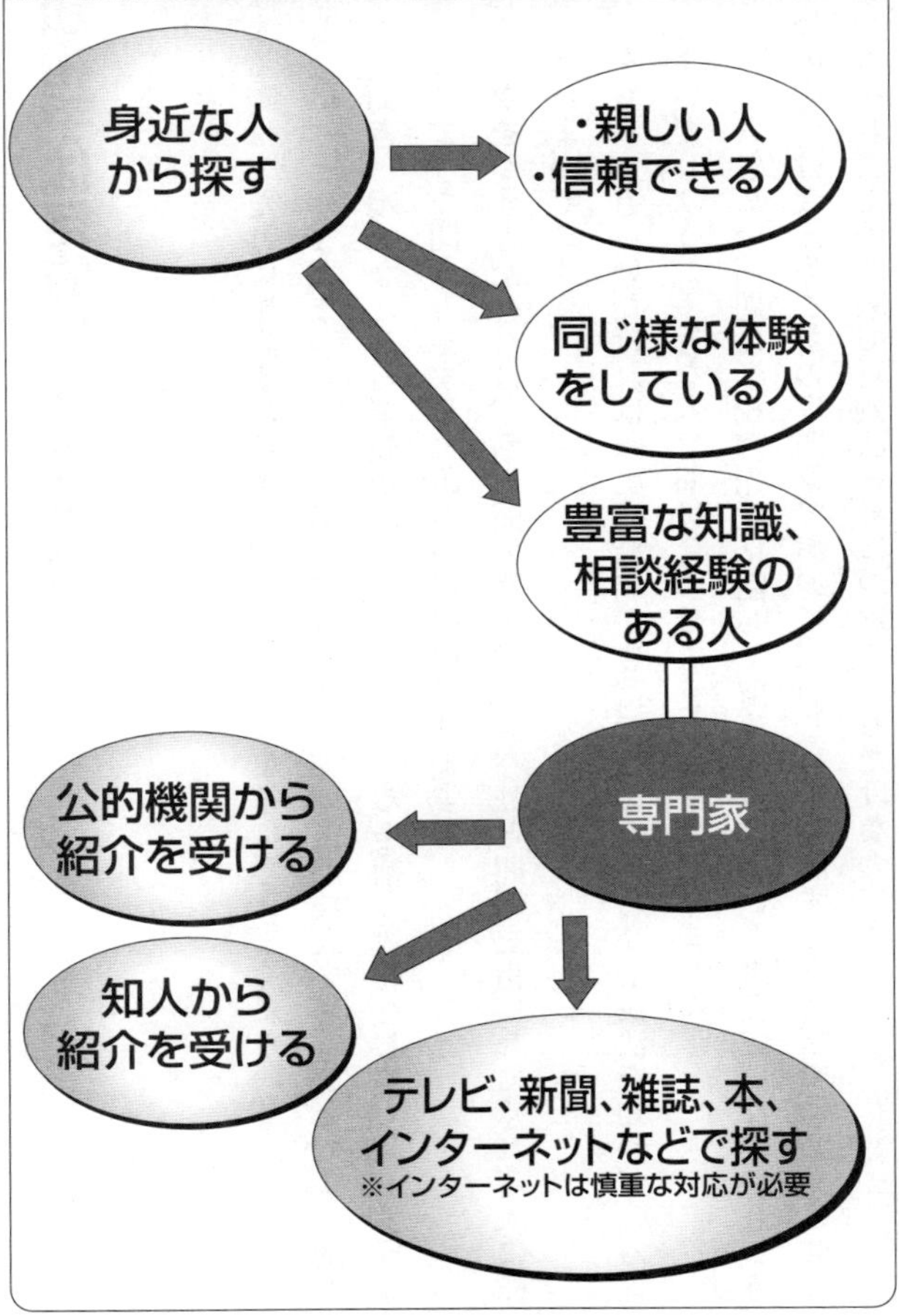
身近な人から探す
・親しい人
・信頼できる人
同じ様な体験をしている人
豊富な知識、相談経験のある人
専門家
公的機関から紹介を受ける
知人から紹介を受ける
テレビ、新聞、雑誌、本、インターネットなどで探す
※インターネットは慎重な対応が必要

5 相談相手は目的によって選ぶ

相談する際は、**だれに相談すればよいか**ということを常に考えてください。

相談したいことがまとまっていない場合には、聞き方の上手な人を選ぶことです。話を気持ちよく聞き、曖昧なところを確かめ、足りないところを補う質問をしてくれるような人です。このような聞き方をすると頭の中が整理されます。

問題の本質をつかみたければ、話を聞いた上で、ズバリと問題を指摘してくれる人に聞いてもらうとよいでしょう。

解決法を教えてもらいたければ、実務経験が豊富で、いろいろな解決法を知っている人を選ぶとよいでしょう。手近な人で間に合わせようとしてはいけません。

たとえば、いじめの問題は学校の先生に話して解決すればよいと考えていないでしょうか。学校の先生は教えることの専門家であって、いじめを解決する専門家ではありません。あくまでもそれまでの経験で対処法を身につけているだけなのです。

相談するのは話しやすい人？ 能力のある人？

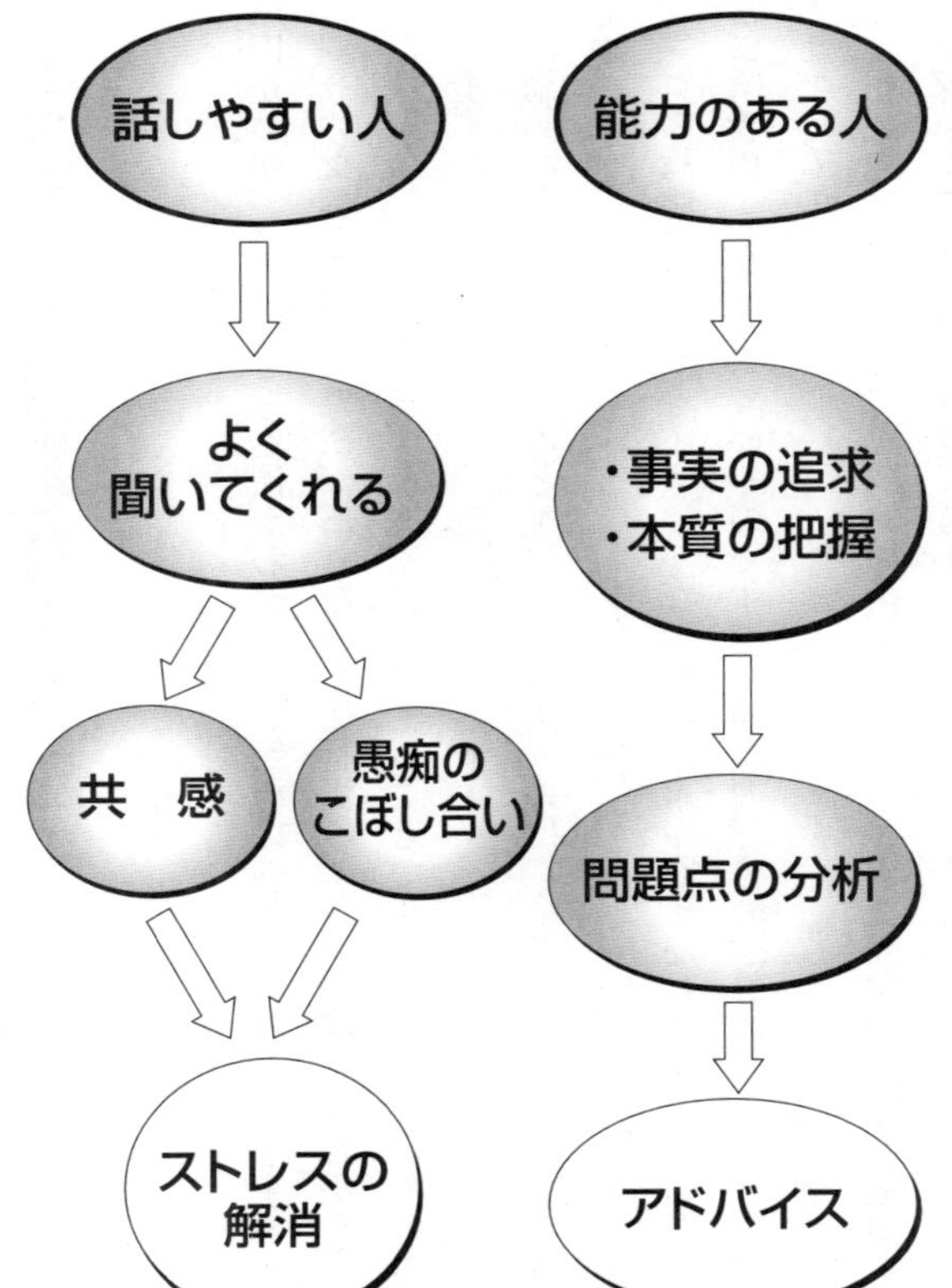
話しやすい人
よく
聞いてくれる
共 感
愚痴の
こぼし合い
ストレスの
解消
能力のある人
・事実の追求
・本質の把握
問題点の分析
アドバイス

6 状況によっては専門家を考える

問題の原因がわかっていても対処法がわからないために悩むこともあります。過去のしがらみや、周りの批判など、対処法がありながら実行することが困難な場合がそうです。

このような状況に陥ったら、まず専門家に相談することです。専門家はいろいろな対処法を知っています。

私が企業内講師の研修をしているときにいつも思うのは、企業内の講師は数ある仕事の一つとして講義をしていることです。講義がうまくいかなくても、他の仕事があります。ところが、プロの講師は講義がうまくいかなければ仕事がなくなります。そのため、プロの講師は常に講義のことを考えているのです。二四時間、自分が経験することを講義に結びつけて考えているのです。

ですから、相談内容によっては専門家の活用をすすめます。**問題の所在を把握する相談**と、**対処法を探るための相談**は分けて考えることが必要です。

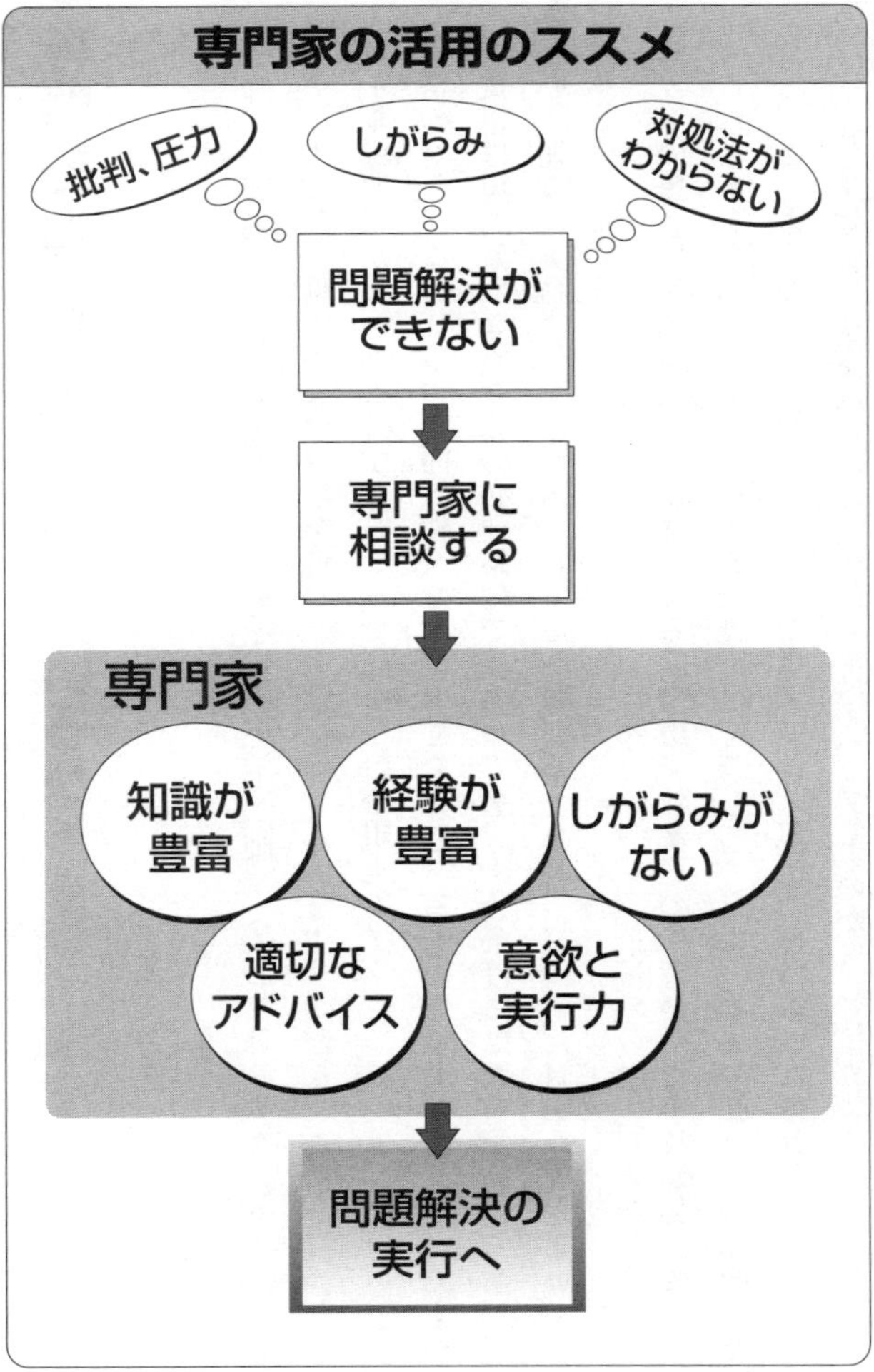
専門家の活用のススメ
批判、圧力
しがらみ
対処法がわからない
問題解決ができない
専門家に相談する
専門家
知識が豊富
経験が豊富
しがらみがない
適切なアドバイス
意欲と実行力
問題解決の実行へ

7 専門家にはどのような人がいるか

医師、弁護士、公認会計士をはじめとする○○士（師）、○○コンサルタント、○○カウンセラーなど、世の中には資格を持った人はたくさんいます。ただし、資格を持った人イコール専門家かというと必ずしもそうではないのが現実です。

資格の対象となる仕事の範囲は膨大で、すべてをこなせるものではありません。ですから、**資格は専門家になるための必要条件ではあっても、十分条件にはならない**のです。資格という知識に実務経験がプラスされてこそ専門家であり、経歴も注目した方がよいでしょう。

肺ガンの患者に対する医師の投薬による副作用で数多くの患者の死亡事故が起きましたが、これなども医師の医薬品に対する知識不足を表しています。本当の肺ガンの専門家だったら、このような事故は起こさなかったはずです。現代の専門領域は細分化されているので、「細分化された領域のみの専門家」と捉えた方がよいかもしれません。

本当の専門家とは？

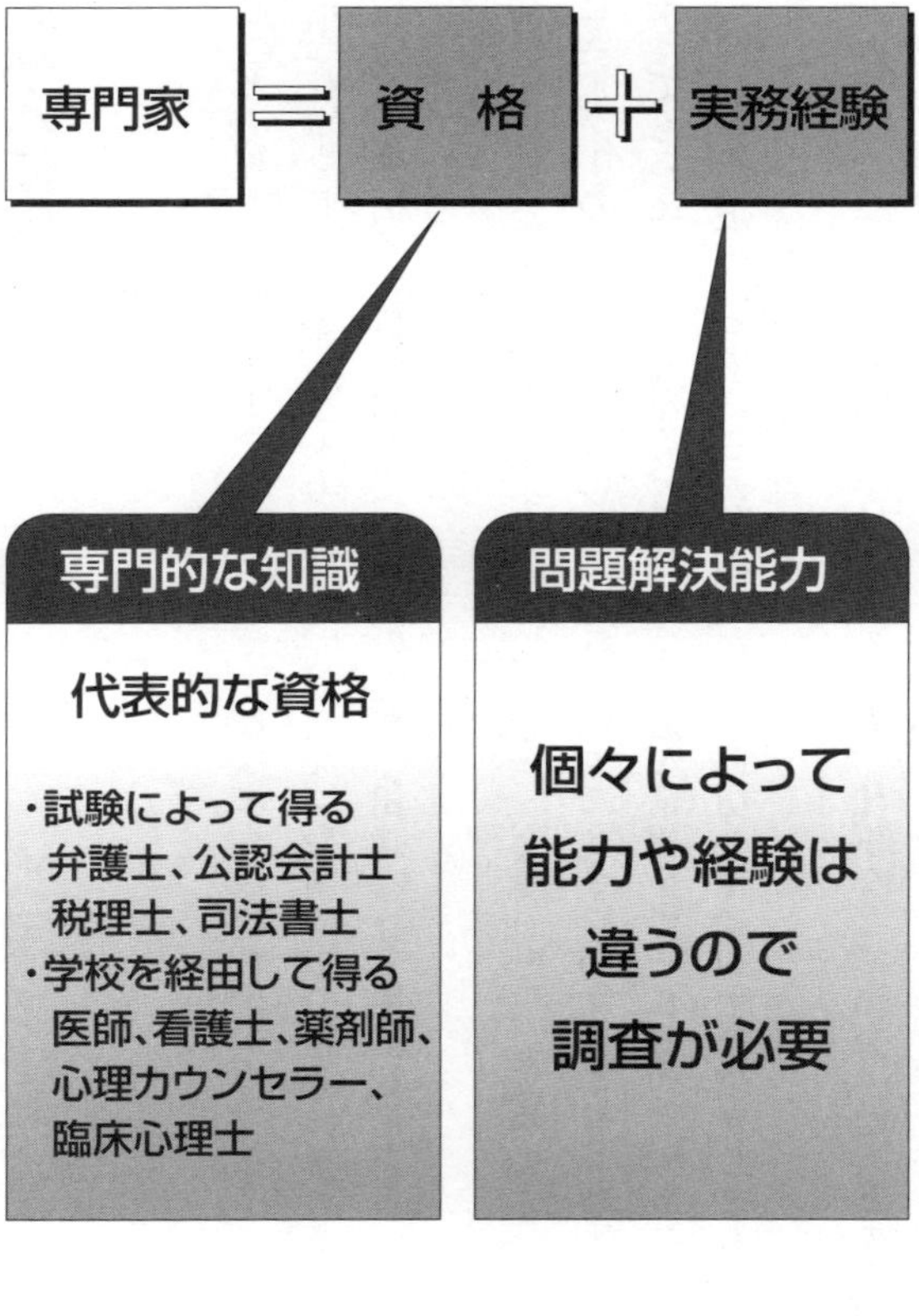
専門家
＝
資　格
＋
実務経験
専門的な知識
代表的な資格
・試験によって得る
弁護士、公認会計士
税理士、司法書士
・学校を経由して得る
医師、看護士、薬剤師、
心理カウンセラー、
臨床心理士
問題解決能力
個々によって
能力や経験は
違うので
調査が必要

8 専門家を友人に持つ

「医師と弁護士と心理カウンセラーを友人に持て」とはよく言われます。

これは専門的な仕事をしている人を友人に持ち、何気ない会話の中で相談に乗ってもらうと同時に、相談する事柄の背景を知っている人の方が、相談内容を理解してもらいやすいということなのです。

専門的な職種は他にもたくさんあります。学校の先生、公認会計士、企業アナリスト、薬剤師、コンピューターの専門家も友人にしていれば困ったときに助かるかもしれません。

直接相談に乗ってもらえるだけでなく、最新の、最適な情報を得られるのも大きなメリットです。さらに、専門家が持っている人脈の中から、適切な相談相手を紹介してもらえることもあります。

どうしたら友人になれるのか。基本は学校時代の友人、仕事などで出会った人との人間関係を続ける努力をしていくことが大切です。

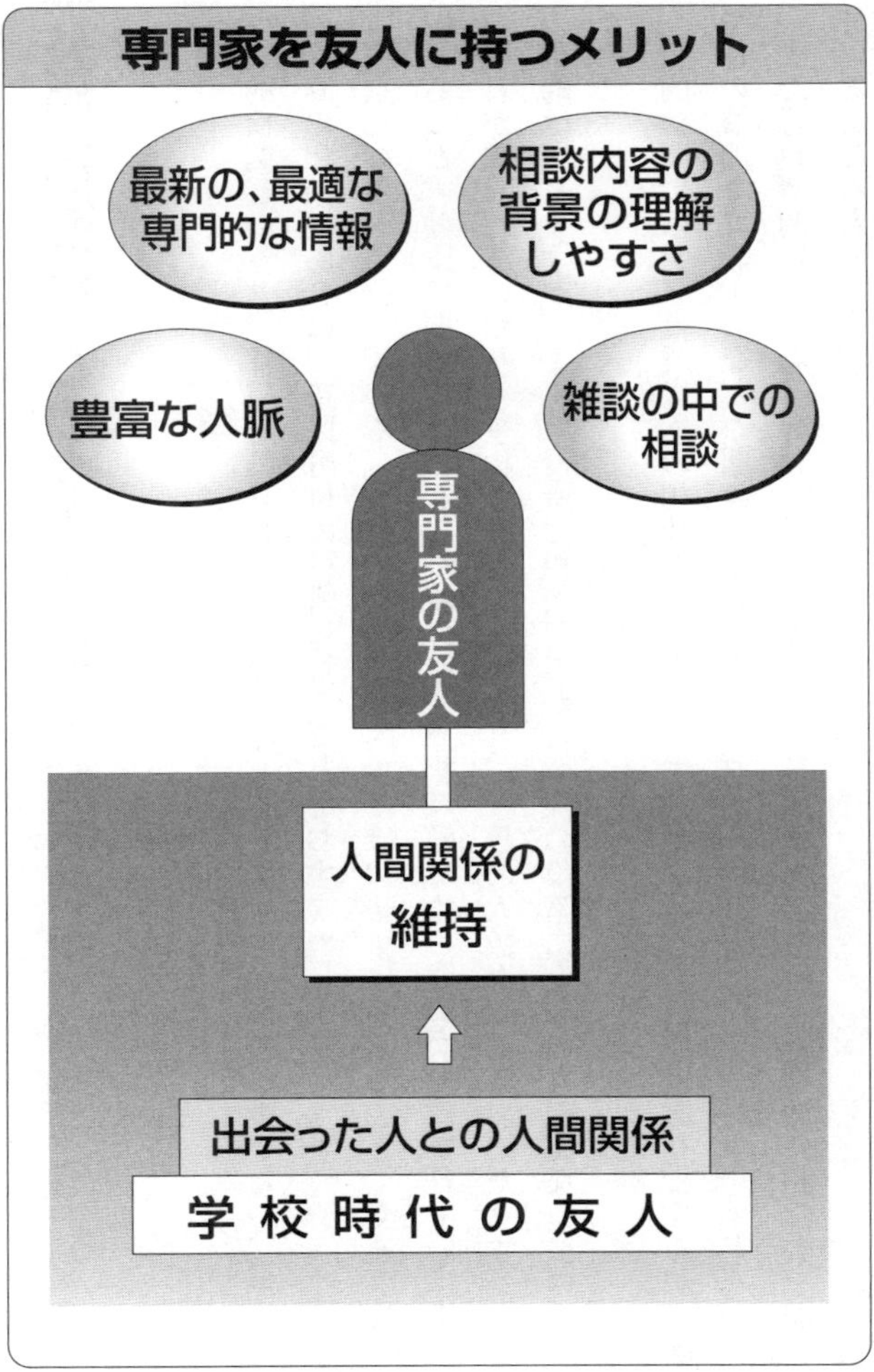
専門家を友人に持つメリット
最新の、最適な専門的な情報
相談内容の背景の理解しやすさ
豊富な人脈
雑談の中での相談
専門家の友人
人間関係の維持
出会った人との人間関係
学校時代の友人

9 公的機関にはどのようなところがあるか

公的機関というと、都道府県立の○○相談所などを想像するかもしれませんが、生活上の悩みの相談であれば、市区町村の役所に行くことをおすすめします。

東京都の各区で行っている「各種相談のご案内」には、法律に関すること、交通事故に関すること、健康に関することなど多岐に渡って相談のための窓口が開設されています。曜日が限られていたり、予約が必要であったり、一日の人数が限られていたりするなどの制約はありますが、まずは役所で相談してから、次の段階に進むのも確実な方法の一つです。

公的機関には、区役所以外の相談機関もあります。必ずしも無料ではありませんが、国や都の機関や弁護士会などが開設しているクレジット・サラ金相談などもあります。

また行政機関以外にも、弁護士会、税理士会、行政書士会など、定期的に相談会を開いているところもあります。

公的機関の相談案内（東京都江東区の例）

●区役所で受けつける相談

区政・行政・人権に関すること
区政相談
行政相談
同和問題相談
人権相談

法律に関すること
法律相談

交通事故に関すること
交通事故相談

住まい・土地に関すること
不動産相談
建築紛争相談
建築・測量登記相談

家庭・女性に関すること
婦人相談
母子相談
家庭相談
カウンセリング

消費生活に関すること
消費者相談

年金に関すること
年金相談

子どもに関すること
子育て相談
教育相談
なやみいつでも電話相談
不登校相談
こどもの悩み相談

障害者に関すること
聴覚障害者相談
心身障害者相談

税金に関すること
区税相談

健康に関すること
一般健康相談
精神保健相談

仕事・事業運営・労働に関すること
経営・下請相談
創業支援相談
ISO相談
内職・パート就労相談
高年齢者職業相談
高齢者就業相談

「区の各種相談ご案内」参照
（平成15年4月現在）

お悩み相談室

～その３　専門家に相談するとき～

Q 専門家に相談しようと思うのですが、どのくらいの費用がかかるのでしょうか。また、何か気をつけた方がよいことはありますか。

A インターネットなどで、最近は相談するのにどのくらいの費用がかかるかが一般の人にもわかるようになりました。しかし、相談の費用は依頼の内容や専門家の種類によって異なります。それぞれに報酬基準が決まっているので、やはり電話で直接聞いてみるのがよいかと思います。また、引き受けてもらえるかどうかということは別の問題です。引き受けてもらえるかどうかの相談にも費用はかかります。目安としては30分で5000円、１時間で10000円というところでしょうか。少なくとも、これだけのお金が最初の段階で必要になるので注意してください。

【第1部】 相談のしかた

第4章

何を相談するのか

1 困っている自分のこと

困っている自分のことを相談するのは簡単なように思えますが、実はいちばん難しい相談です。

困っていることは、いろいろな事象の複合で起こっていることが多く、自分のことを客観視するのが困難なために、相談内容をどのように話したらよいかわからないからです。

自分のことを相談するには、あらかじめ相談したいことをまとめておきます。

①**何が起こっているのか**、②**どのように感じているのか**、③**どうしたいのか**、などの点を明確にしておくのです。

②の「感じていること」にしても、困っていると感じているけれどその人との関係は保ちたい、という場合もあるかもしれません。たとえ矛盾していたとしても、それは後で考えればよいのです。ここでは自分の感じている気持ちが重要です。自分が何を優先するかによって解決方法は変わってきます。

相手に伝える3つのポイント

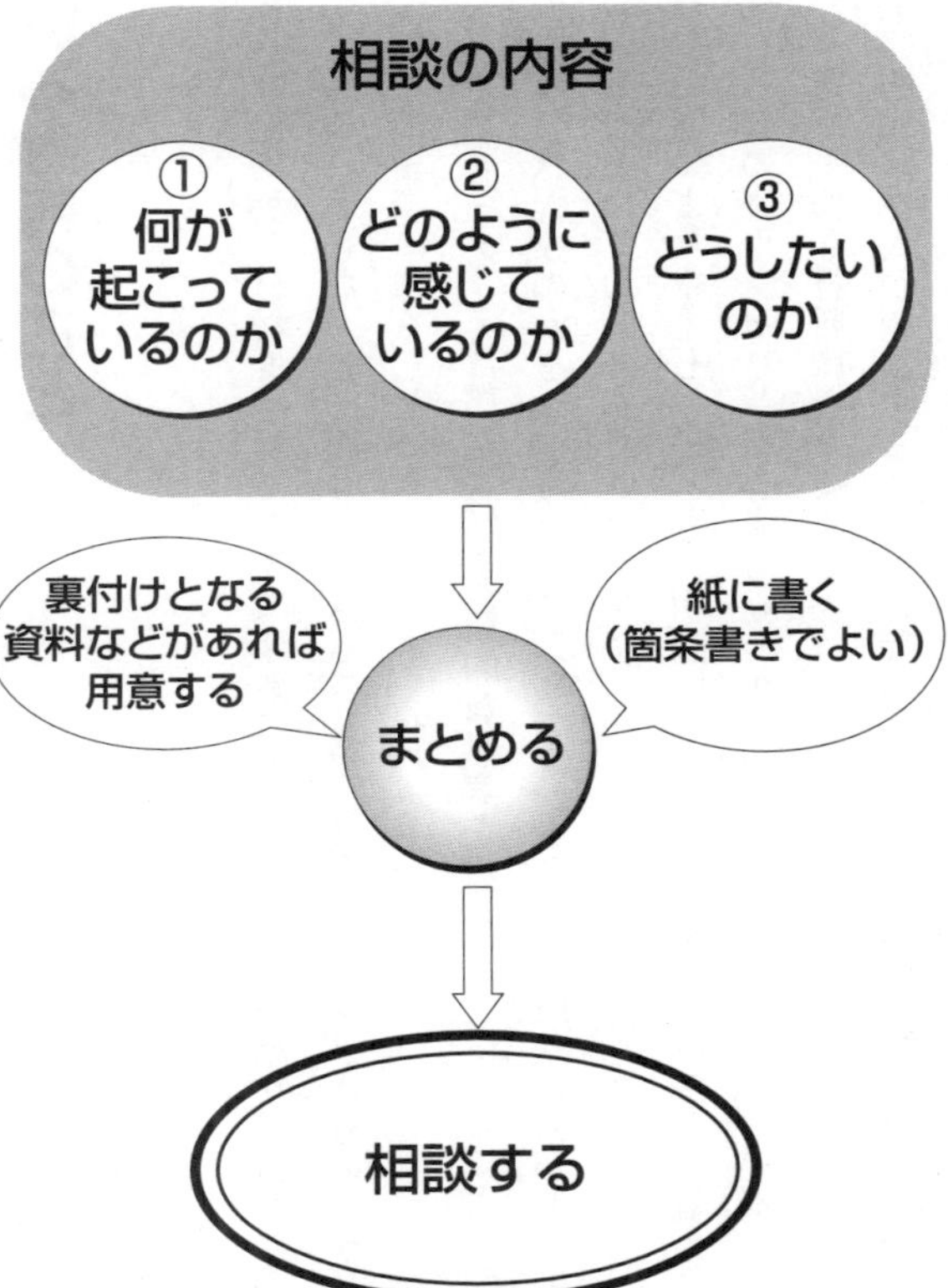
相談の内容
①
何が
起こって
いるのか
②
どのように
感じて
いるのか
③
どうしたい
のか
裏付けとなる
資料などがあれば
用意する
紙に書く
(箇条書きでよい)
まとめる
相談する

2 困っている身内のこと

これは最も多い相談かもしれません。本人は深刻に思っていなかったり、あきらめてしまったりして、動こうとしないので周りがやきもきしているわけです。周りの人が見かねて、本人の代わりに相談に来る、ということがよくあります。

本人に代わって相談するときは、**冷静に客観的な事実**を集めてください。よく観察し、具体的にどのような状況なのかをつかんでおくことです。そして、周りの人がどのように思っているのかもまとめておいてください。

カウンセラーの話によりますと、子どもの相談に来る親の姿を見ていると、親の方に問題があると感じ、親のカウンセリングをする場合が多いそうです。ですから、本人と周りの人との関わり方も重要な材料になります。

ただし、最終的には本人が相談することが必要になります。状態や発言から直接感じとれるからです。とにかく、早めに相談することが重要です。

本人の代わりに相談するとき

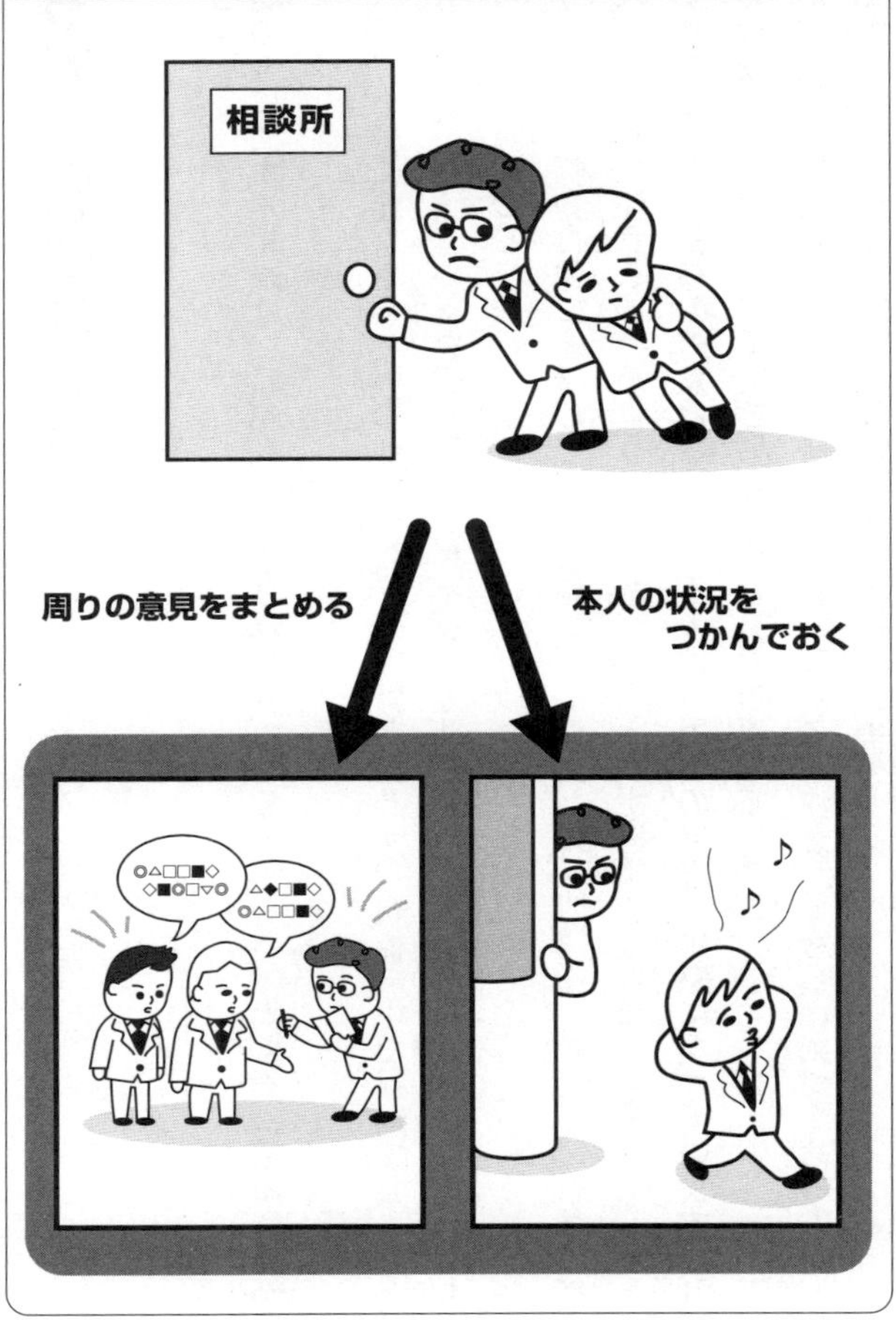
相談所
周りの意見をまとめる
本人の状況を
つかんでおく

3 困っている職場の人のこと

職場の人に関する相談は、私がもちかけられたものを分析すると、大きく二種類に分かれます。

一つは、一緒に仕事をしている仲間が会社の方針と合わず、組織の中で浮いてしまうというものです。相談者の話を聞くと、それとなく方針に合わせるように注意したけれども変わらないということでした。

もう一つは、行動自体に迷惑している場合です。仲間との人間関係を考えて、周りに気づかれないように注意していたようでしたが、耐えきれずに相談に来たのです。

いずれの場合も、**相談の対象となっている人は、周囲の反応に鈍感になっています**。対象者の行動をチェックし、事実を集め、その上で相談してください。

また、上司と相談して、社外の研修会などで部外者に注意してもらい気づかせる方法もあります。本人が自分で気づかない限りは変わりません。

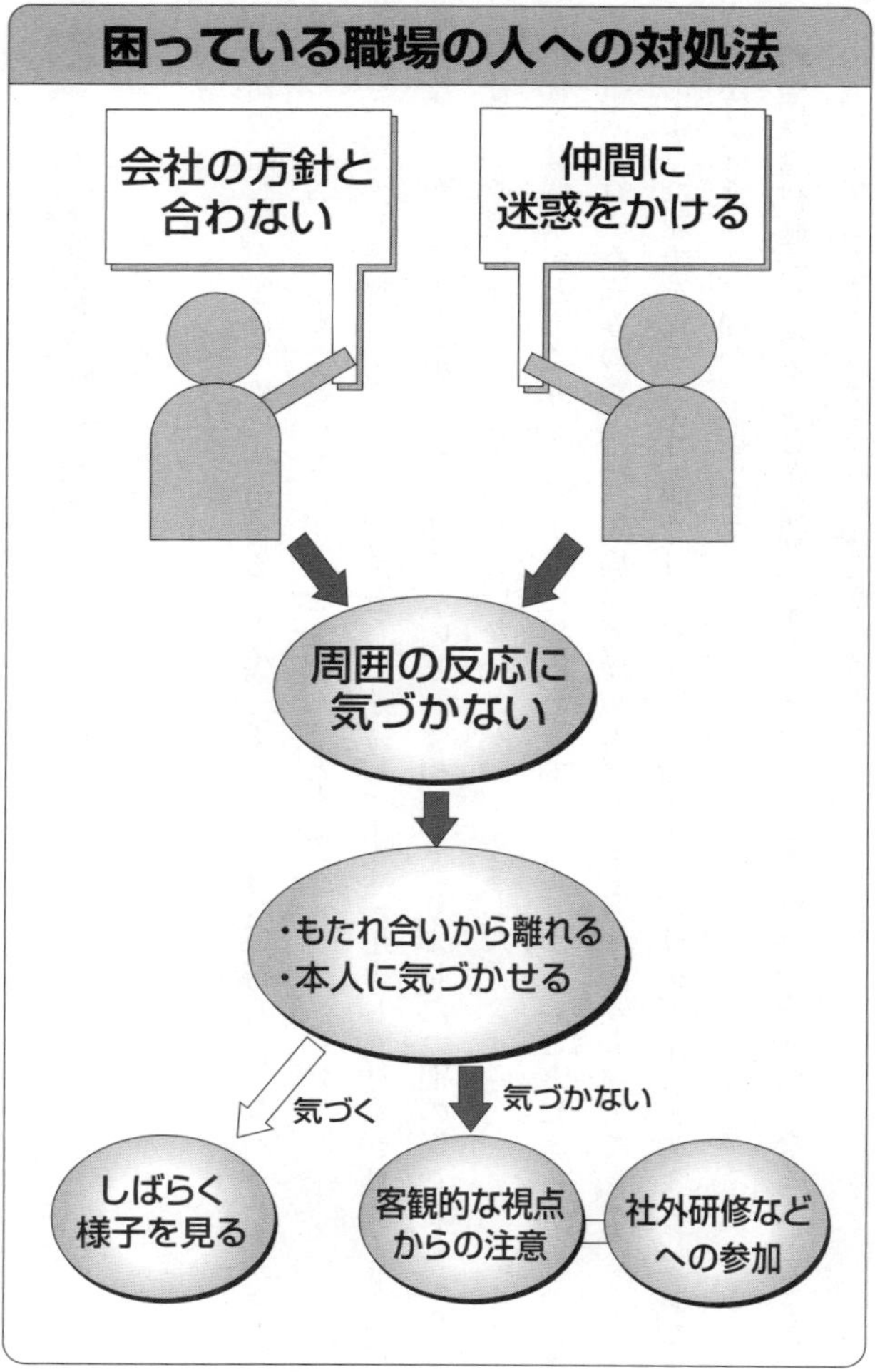
困っている職場の人への対処法
会社の方針と合わない
仲間に迷惑をかける
周囲の反応に気づかない
・もたれ合いから離れる
・本人に気づかせる
気づく
気づかない
しばらく様子を見る
客観的な視点からの注意
社外研修などへの参加

4 困っている組織のこと

上司の話し方が悪いために皆がやる気を失っている、皆の気持ちがバラバラなので会社へ行ってもおもしろくないなどの相談を受けたことがあります。

また、会社の経営者から、リーダーとして期待して中途採用をした社員が個人としては優秀なのだが、リーダーとしては使えないという相談もありました。別の経営者は、ベテラン社員が給料に見合った仕事をしていないと嘆いていました。

これらは個人がどうこうというより、組織としてまとまりがないことによる悩みなのです。組織に対する悩みの訴えは、現場の人からも経営者からもあるわけです。

どのような組織を作るのか、誰をリーダーに任命するか、リーダーにどのように行動させるかは経営判断に関わってきます。

組織は適材適所であることが原則です。相談するときは悩みの原因となる人とともに、その人を指名した人も含めて考える必要があるのです。

よい組織、悪い組織

適材適所で機能している

まとまりがない

5 協力を得るために

何かを変えようとするときに、いきなり行動を起こすと、反対の声が大きく、失敗してしまうことはよくあります。反対の声があまりにも大きいと、賛成しようとしていた人も何も言えなくなってしまうのです。

このようなときはいきなり行動を起こさずに、賛成してくれそうな協力者を集めることから始めます。意見を聞き、案を改良し、有力な人を巻き込めば、提案をしたときにも、行動を起こしたときにも反対の声は小さくなります。これを**根回し**と言います。

公の場で議論することに慣れていない日本では、会議でも声の大きい人、話のうまい人に影響されやすいのです。だから、個別にしかも事前に相談するのです。

いいアイディアが思いついたときも、相談するとよいでしょう。自信のあるアイデアでも反論されるかもしれませんが、反論に答える過程でアイディアは練り上げられ、よりよいものになっていくのです。

反対に負けない協力を得る方法

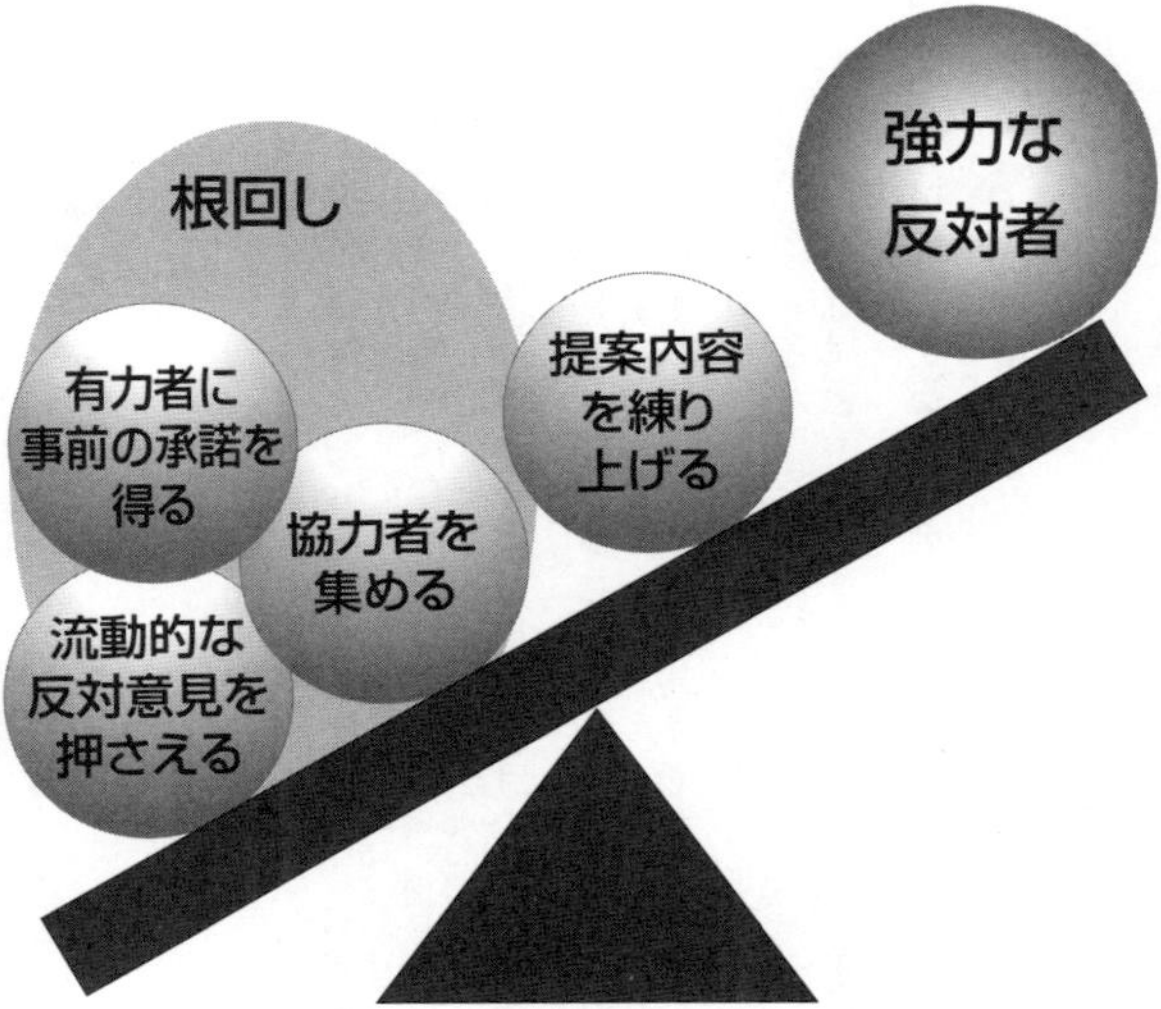
根回し
有力者に
事前の承諾を
得る
協力者を
集める
流動的な
反対意見を
押さえる
提案内容
を練り
上げる
強力な
反対者

6 問題解決が可能かどうか

問題解決が可能かどうかの判断はとても重要なことです。不可能なことにいつまでも関わっていたのでは、時間と経費の無駄になるだけです。

判断は相談する相手によって違ってきます。自分だけの判断ですと、自分の経験のみの判断になります。身近な人であれば、もう少し客観的で視野が広いでしょう。

さらに広げて、専門家に相談すれば、最新の情報までも含めて、専門家としての意見を教えてくれます。

研究者であれば、また違った意見を言ってくれるでしょう。研究者は、一般的には不可能と考えられてきたことを可能にする方法を研究している人たちです。

個人的な相談であれば基本的には、「専門家に相談する」という段階でよいかと思います。個人レベルですと、期限も予算も、人材も限られてしまいます。その中で実行が可能であるかどうかを判断できればよいのですから。

問題解決の可能性を知る

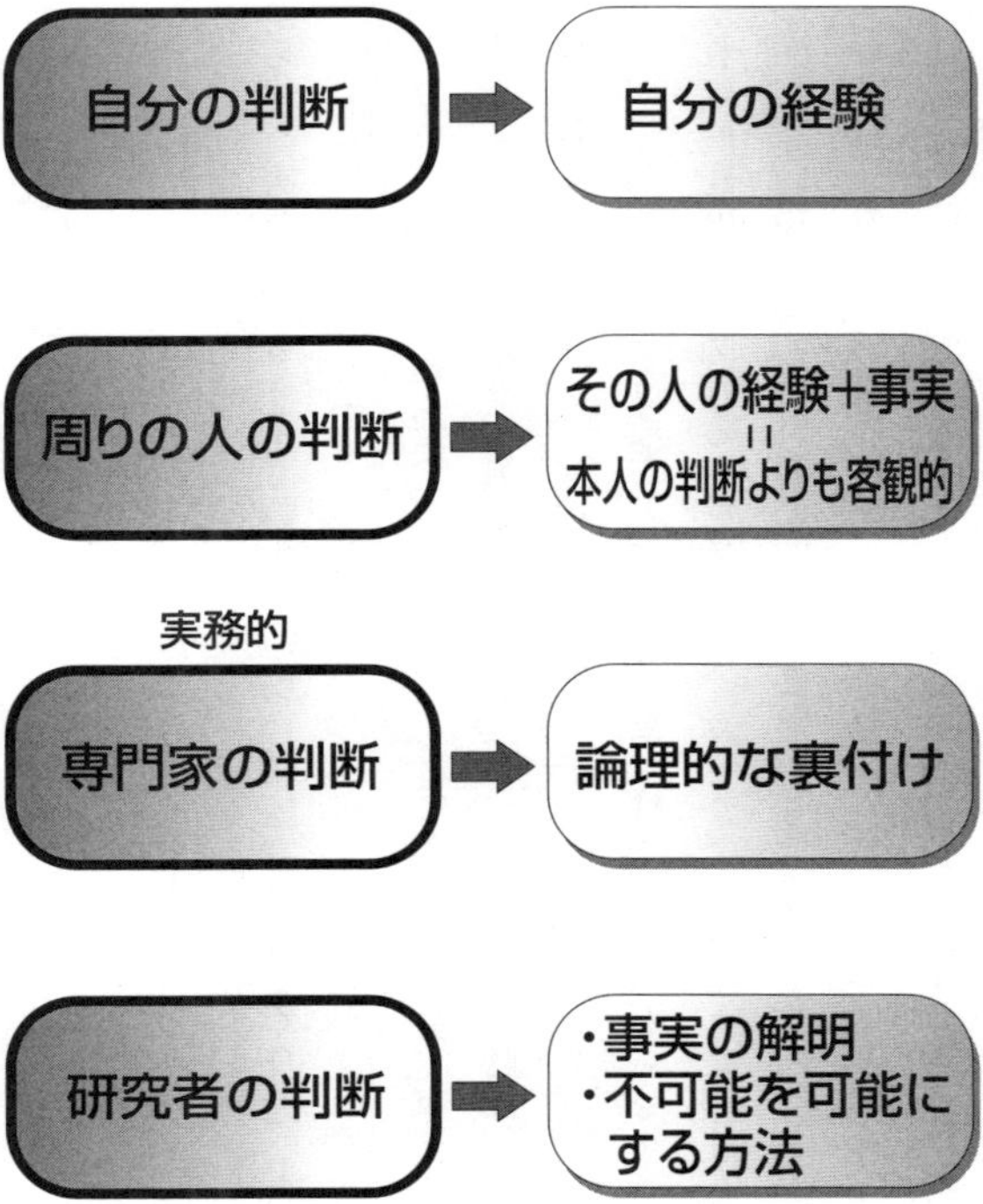
自分の判断
自分の経験
周りの人の判断
その人の経験＋事実
＝
本人の判断よりも客観的
実務的
専門家の判断
論理的な裏付け
研究者の判断
・事実の解明
・不可能を可能にする方法

7 問題解決の方法について

調べてもわからず、実行してもうまくいかない場合には、遠慮なく身近な人に相談してください。

何もせずにいきなり、「どうしたらよいのですか」と聞くと、「自分で考えろ」などと怒られるかもしれませんが、調べたり、方法を工夫した上での相談であれば、周りの人は喜んで相談に乗ってくれるでしょう。

周囲にいる上司や先輩も同じようなことに悩み、乗り越えてきたからです。どこに問題があり、何をすれば問題解決が図れるかを教えてくれます。身近な人に相談しても問題解決の方法が見つからない場合は、部外者に聞くとよいでしょう。

私の経験からいえば、悩みの八〇パーセントは他の人も悩んでいるということです。本やインターネットなどで、試行錯誤をすると、ヒントが得られます。また、もしだれも経験していないことならば、新たな発見を楽しむくらいの気持ちで取り組んでください。

教えてもらう前にすべきこと

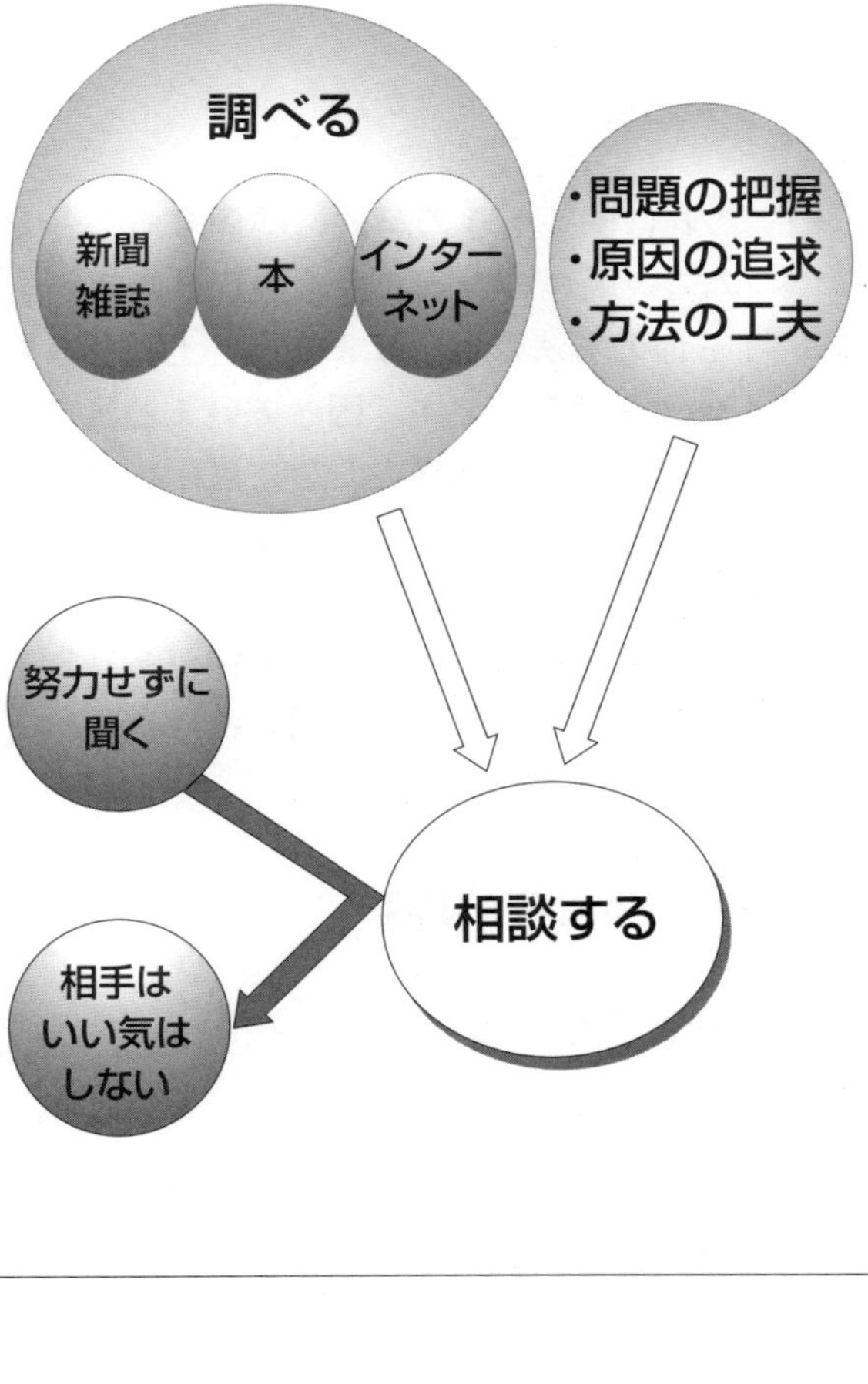
調べる
新聞
雑誌
本
インター
ネット
・問題の把握
・原因の追求
・方法の工夫
努力せずに
聞く
相談する
相手は
いい気は
しない

お悩み相談室

～その４　契約通りの時間に帰れない～

Q パートで働いていますが、正社員の方から残業をするように言われて困っています。どうしたらよいでしょうか。

A これは働くときの契約に関係することですので、職場の身近な人と愚痴をこぼし合っていても何の解決にもなりません。上司ときちんと話し合うべき事柄です。困っていると話すのではなく、自分が何の仕事のために雇用されているのか、勤務時間はどうなっているのかをきちんと確認すべきです。会社によっては、現場では正社員もパートも区別して考えない習慣がありますが、基本的に立場が違います。上司にあなたがパートであることの立場を理解してもらい、正社員の人に、あなたの立場を説明してもらいます。このようにすれば、契約通りの時間に帰れるでしょう。

【第1部】 相談のしかた

第5章

具体的な相談の技術

1 アプローチする

困っていると感じたら、現在の自分のおかれている状況を直視します。状況を客観的に観察し、この状況から抜け出すためにはどのようにしたらよいかを考えます。

混沌としているならば、「混沌」ということを把握するだけでもよいのです。現状を把握することから、すべては始まります。

その上で、相談をするためにはだれを選んだらよいかを決めます。親しい人、詳しい人、専門家などさまざまな選択肢があります。相談相手に選んでもその人が相談に乗ってくれるとは限りません。また、費用や時間がかかるという場合もあります。マスコミに人気のカウンセラーだと、最低三カ月待つと聞きます。

たとえば、会社の社長に相談したいと考えても、どうやって社長に近づくかが問題です。上司にお願いし、紹介してもらう方法もあります。社長が出席する懇親会で待つ方法もあります。そのときに合った人や方法を探さなくてはなりません。

アプローチするための基本ステップ

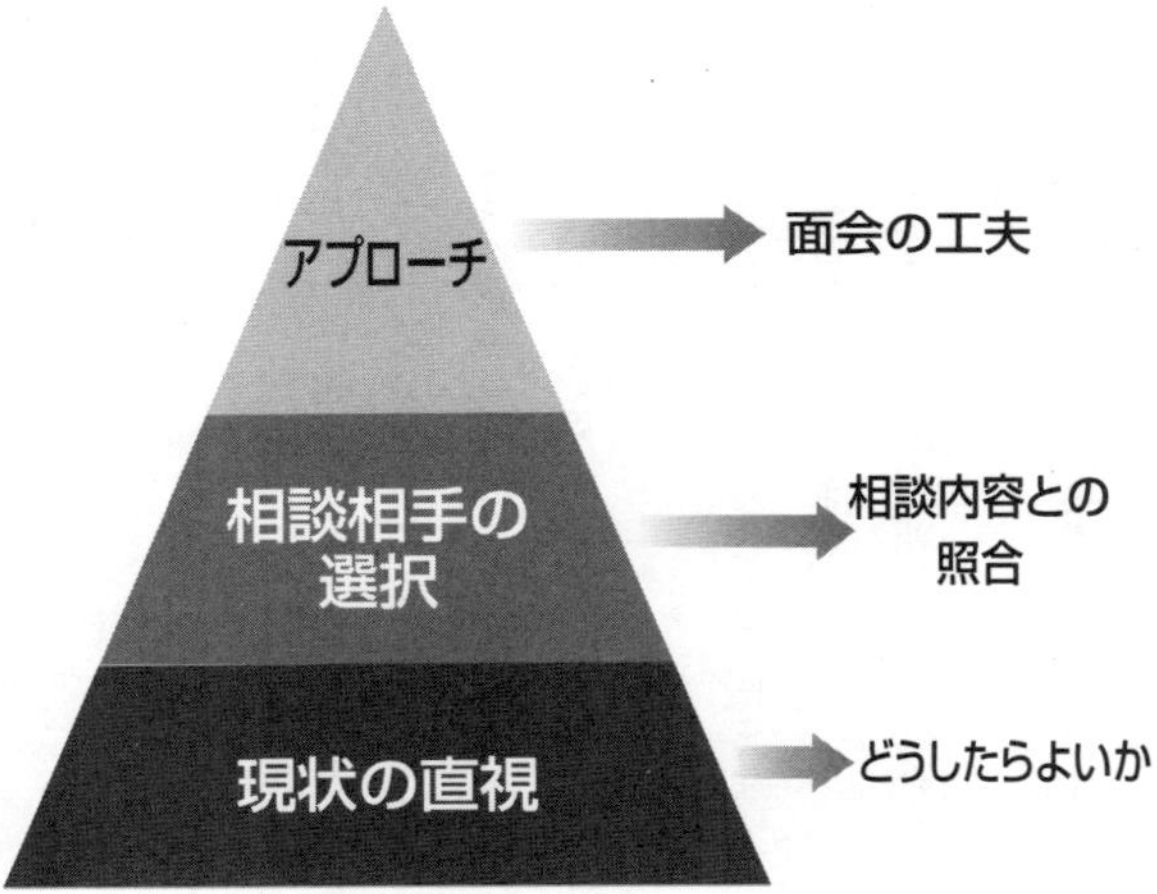
アプローチ
面会の工夫
相談相手の選択
相談内容との照合
現状の直視
どうしたらよいか

2 アポイントメントを取る

相談したい人が見つかったならば、アポイントメントをとります。

身近な人であれば、相手の気持ちの余裕があるときを見計らって、「ご相談があるのですが、少しお時間をいただけませんか」と声をかければよいでしょう。面会の時間の約束をするときは、「○月○日の○時に○分くらいお時間をいただけないでしょうか」と具体的に約束をします。

緊急の場合であれば、まず急ぎの相談であることを伝えます。それによって相手も重要なことだと気づいてくれ、対応も変わってきます。

複数で行く場合は、人数とどのような人が一緒に行くのかを伝えます。初対面の人であれば、手紙などの文書で行うことが原則です。

どのような場合でも、**日時、人数、相談内容の概略を伝えること**、**相手の都合を考える**などの心配りを忘れないでください。

アポイントメントを取るポイント

普通の場合

①言葉づかいは丁寧に

②用件を簡潔に伝える

③状況を説明する（緊急かそうでないかなども）

④あらかじめ自分の予定を確認しておく

⑤日時を指定する。だめだったらどうするかも考えておく（相手が指定してきた場合は、それに合わせる）

⑥複数の場合は人数とどのような人が行くかを伝える

⑦詳しいことは会って直接相談した方がよい

⑧最後に決定事項を確認する

緊急の場合

①緊急であるという状況を説明する

②相談に要する時間を伝える

③相手の都合を確認する

3 あいさつ・自己紹介をする

身近な人に「あいさつ（お礼）」や「自己紹介」というとよそよそしい感じもしますが、これもけじめの一つです。

「お忙しいところお時間をいただきましてありがとうございます」「急なことなのに、お時間をお取りいただきまして、恐縮しております」などとあいさつ（お礼）をします。

そして「私的なことなのですが……」「現在の業務のことで……」「子どものことで……」などと予告をし、悩みを抱くようになった経緯を含めた自己紹介をします。

自己紹介をしながら、問題の背景を話していくわけです。自己紹介は事前に準備します。いわば相手に伝わる話の導入を考えておきます。それによって、相談相手には自己紹介の中でいろいろな問題の種子を感じ、質問をしてくるのです。

自己紹介というと、趣味や出身を話すことだという固定観念がありますが、このような、現在の自分の気持ちを話すことや、そこに至った経緯を話すことも自己紹介です。

予告・自己紹介のポイント

❶ 予告のしかた

①私的なことか、公的なことかを伝える

②相談の概略を伝える

「現在行っている業務のことで問題があるのですが」

「家族のことで、お話ししたいことがありまして」

❷ 自己紹介のしかた

①自分と相談内容との関わり

②状況を簡潔に

「私はこの仕事をしてから10年になりますが、これほど困ったことはありません」

「職場の○○さんとは入社当時からの付き合いですが、最近様子がヘンなのです」

4 困っていることの基準をつかむ

困ったと感じるのは、なんらかの基準があり、**現在の状況がその基準と異なるからです。**

では、その基準はどうやって作られているのでしょうか。

基準の作られ方は、大きく分けると次のようになります。

①自分の経験による基準
②習慣による基準
③他の人の行動や話と比べることによる基準
④学校など人から教わったことによる基準
⑤テレビや新聞、本などの知識による基準
⑥「こうあるべき」や「こうなったらよい」という理想による基準

自分が困っていると感じているのは、一体どのような基準によるのかをまず考え、根拠とその背景を導き出すことによって原因が突き止められるのです。

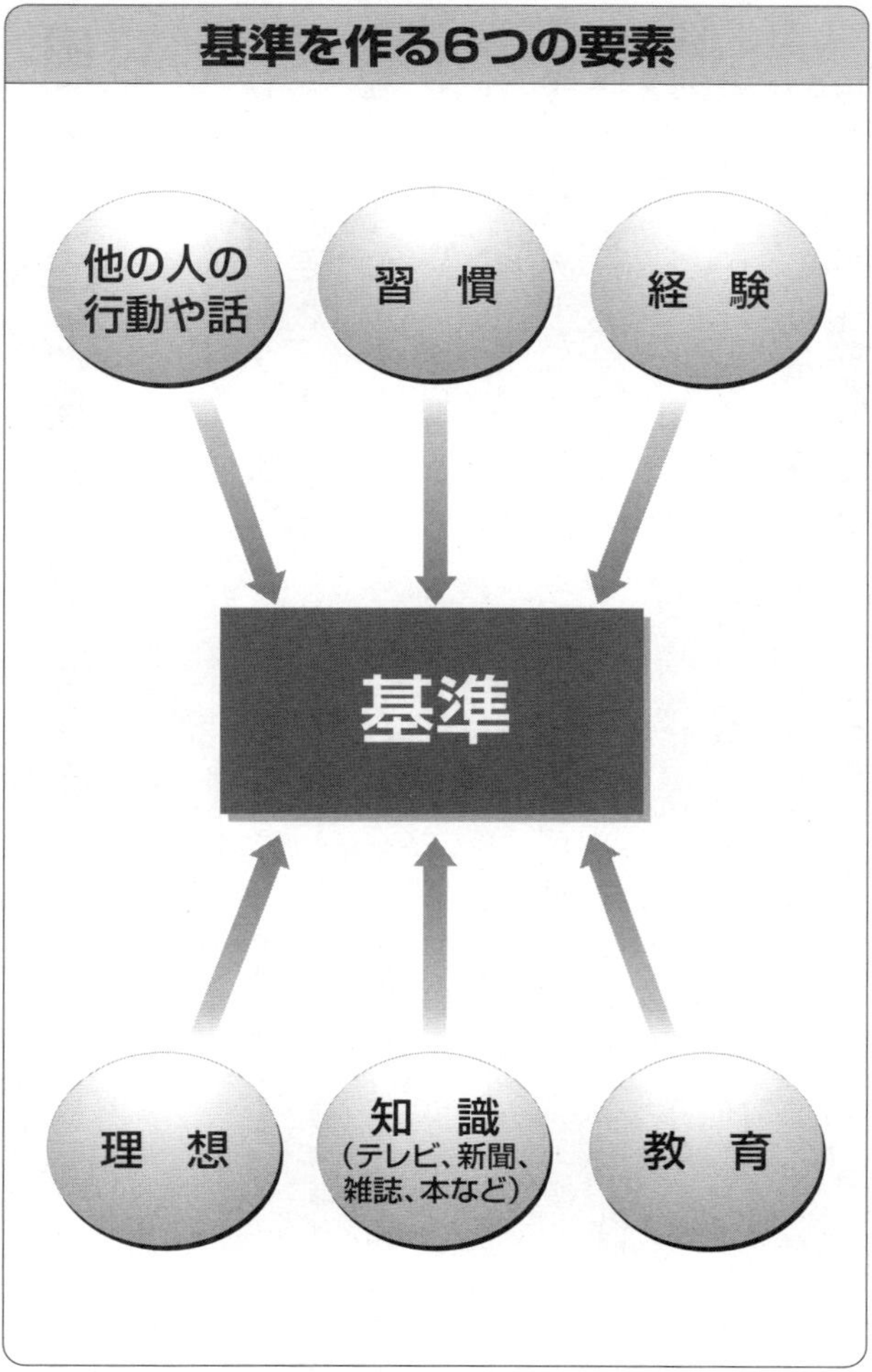
基準を作る6つの要素
他の人の行動や話
習 慣
経 験
基準
理 想
知 識
(テレビ、新聞、雑誌、本など)
教 育

5 困っていることをズバリと伝える

相談する際に最初にすることは、困っていることをズバリと伝えることです。

「○○さんと意見が合わなくて困っている」とはっきりとしたものもありますが、「予想と違ってしまい不安でしょうがない」や「現在こうなっていますが、こんなことでよいのでしょうか」などと漠然としたものもあります。

それによって、「そうなったのはいつごろからですか」や「なぜそうなったのですか」「そうなるまで、なぜ放っておいたのですか」などと相手は質問ができるのです。

困っていることを伝えにくい場合は、そのときの自分の気持ちを話すなど、質問のきっかけを作ります。

「どこから話してよいかわからないのですが、現在こんな気持ちです」や「どうしてよいかわからず、途方に暮れています」などと率直な心境を話してください。心境を語ることによって、相手は質問をして引き出してくれるのです。

困っていることをズバリと伝えるコツ

❶ 人間関係の悩み

①誰のことか

②どのような状況か

③どのように感じているのか

「○○さんが、協力してくれなくて困っています」

❷ 仕事についての悩み

①どのような仕事をしているのか

②どのような悩みなのか

③これまでしてきた対策や努力

「営業をしているのですが、なかなか契約までにいたらないのです。何度も足を運んでいるのですが ～」

6 相手の考えを聞く

相談は相手の考えを聞くことが目的です。だから相手の口を開かせるきっかけを作ることが必要なのです。

ところが、自分の話をわかってもらおうとするあまり、一方的にしゃべり続ける人がよくいます。相談者が話し続けるだけでは、相談を受けた人が判断に必要な情報を得ることができません。相談を受けた人は判断に必要な情報を得るために、曖昧なところを確かめたり、足りないところを引き出す必要があるのです。

相談する側は、判断の材料を提供するつもりで話すことはもちろんですが、**相手の質問に答えながら話していく**という姿勢が必要です。とかく、相談する際に、溜まっている不満を吐き出すように話す人が多いですが、それでは愚痴を言っているのと同じです。相談ではありません。

相談は相手の話を聞くことが解決につながることを忘れないでください。

相手の考えを聞く3つのポイント

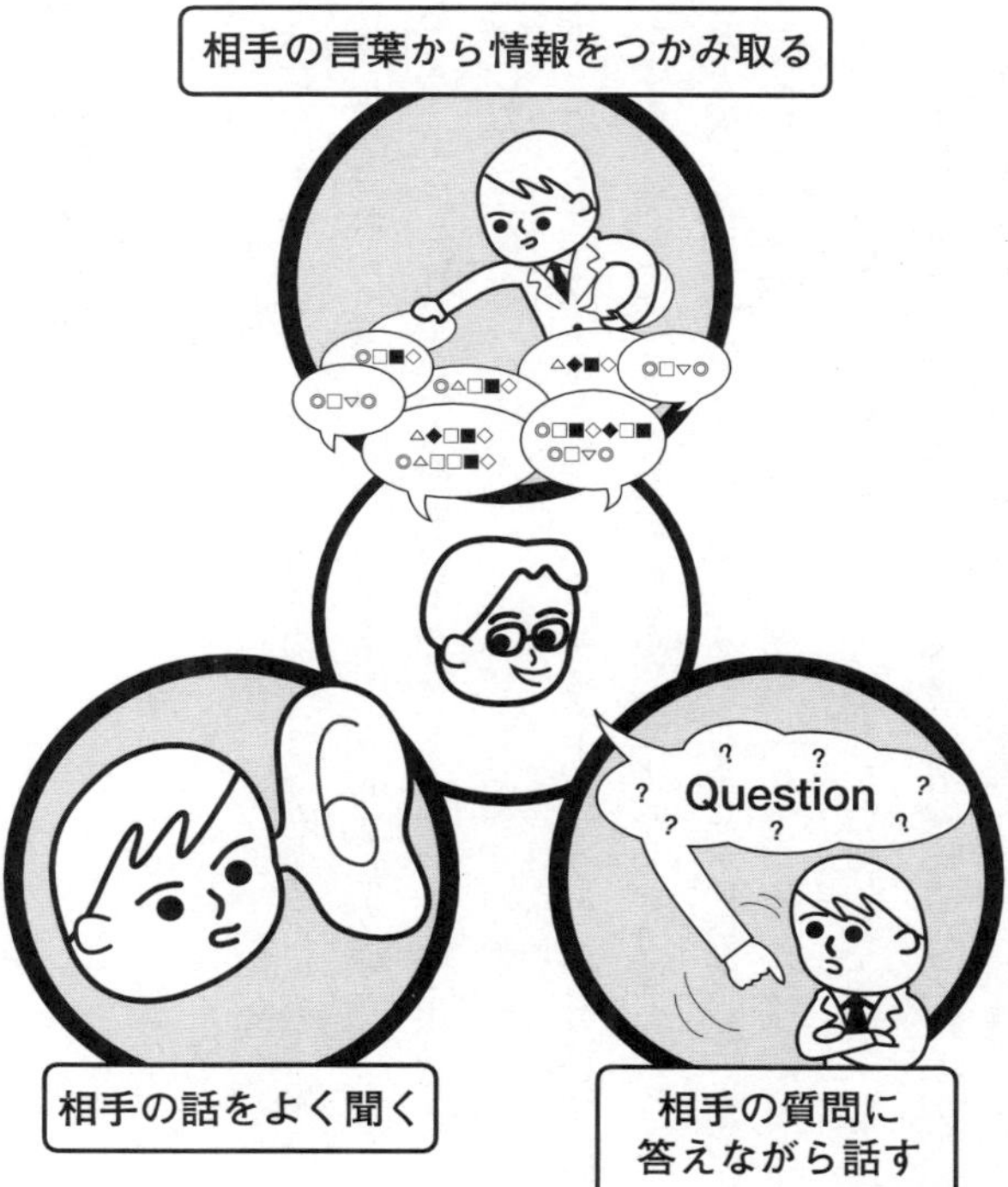
相手の言葉から情報をつかみ取る
Question
相手の話をよく聞く
相手の質問に
答えながら話す

7 相談相手に確認する

相談したときに、「わかった。私の方でなんとかするから安心しなさい」という相手任せの解決方法を提示されたときは、自分はどうしたらよいか確かめる必要があります。「私は何もしなくてよろしいですね」や「様子を見て、来週またご相談します」と**曖昧なままにせず確認しておきます**。

「△△さんのところで相談するといい」というアドバイスがあれば、「直接お電話をしてもよろしいですか」や「○○さんのお名前を出してよろしいですね」などと了解を得ておきます。それと同時に、「どのようにこの話を伝えるとよいですか」などの具体的な方法も聞いておきます。

場合によっては、事前に電話で連絡してもらうことをお願いします。問題解決のための要請であれば相手も嫌な顔はしないでしょう。相手に任せることと、自分でやらなければならないことをきちんと把握しておきましょう。

曖昧な表現を確かめるポイント

「まかせなさい」

→**「私は何もしなくてよろしいですか」**（もう一度聞き返すことによって相手の意思を確認する）

「そのうちに話しておくよ」

→**「いつ頃までにご連絡いただけますか」**（具体的な日にちを指定することでより確実になる）

「いつでもいいよ」

→**「来週の今日ご都合はよろしいでしょうか」**（具体的な日にちを指定することでより確実になる）

「様子を見てください」

→**「1週間経っても同じでしたらまた参ります」**（どのくらい様子を見ればよいかを確認する）

8 お礼を述べる

相談をしたら、たとえその相談が不調に終わったとしてもお礼を述べてください。まず、時間を割いていただいたことに対してのお礼が必要です。まして、長時間の相談であればなおさらです。「お時間をいただきましてありがとうございます」あるいは「長時間にわたりまして、申しわけございません」というように話します。

話を聞いてくれたことに対してのお礼も大切です。「まとまりのないお話を丁寧に聞いてくださりましてありがとうございました」などです。

その上で、貴重なアドバイスをいただいたお礼を言ってください。このお礼には二つの方法があります。一つは**直接的な伝え方**です。「貴重なアドバイスをいただきましてありがとうございました」と言います。もう一つは、喜びを表したり、アドバイスをすぐに役立てることを伝える**間接的な伝え方**です。「お話を伺いまして安心いたしました」「すぐに実行いたします」などと相談の効果を表現します。

お礼の言葉４つのポイント

❶ 時間を割いてもらったことに対して

①「お時間をいただきましてありがとうございます」
②「お忙しいところお時間をいただきまして～」
③「突然のお願いにもかかわらずお時間をいただきまして～」

❷ 話を聞いてもらったことに対して

①「丁寧に聞いてくださいまして～」
②「真剣に受け止めていただいて～」

❸ アドバイスをしてもらったことに対して

①「貴重なアドバイスをいただきまして～」
②「お知恵を拝借できて助かりました」
③「非常に有意義な時間となりました」

❹ 今後の自分について

①「努力していきます」
②「気持ちを入れ替えてがんばっていきたいと思います」
③「すぐに実行したいと思います」

お悩み相談室

～その５　部下が引き抜かれそう～

Q 優秀な部下が他社からの引き抜きにあいそうです。なんとかして引き留めたいのですが、よい方法はないでしょうか。

A 引き抜きをするときは、給料を２倍にするなどいろいろな条件を提示してきます。ですから、個人の力だけではどうしようもありません。会社としても、優秀な社員にはそれなりの待遇をするシステムが必要です。能力を磨けばきちんと評価するというシステムがあれば、社員も本気になって学び、仕事の実績を作るはずです。また、社員の活性化にもなります。そのシステムがない以上、引き留めることは難しいかもしれません。引き抜かれていく社員と喧嘩別れしないように、「他社で経験を積んでまた戻ってこい」と気持ちよく送り出すことを心掛けてください。

【第1部】　相談のしかた

第6章

相談後にすること

1 納得するまで考える

だれにアドバイスをもらおうとも、どの道を選ぶかは最終的には自分の判断です。成り行きに任せれば事態がますます悪くなるということもあります。**徹底的に考えてください。**

もちろん、アドバイスも考えを決める材料の一つです。自分の経験、本などで得た知識、他の人の行動の観察、そしてアドバイスを含めじっくりと考えます。

あの人のアドバイスで実行したらうまくいかなかったなどと、失敗の責任を他人のせいにせず、自分の責任で実行するのです。

考えるときは、現在の状況の中だけでなく、○年後からこの決断を見たらどのように映るかを考えてください。

たとえば、現在の状況であれば人間関係を切ってしまう方がよいと思っても、○年後から見たら後悔するだろうと考えたら、人間関係を切る決断をすべきではありません。逆に、○年後を考えて人間関係を切る決断をする場合もあるかもしれません。

5つの視点でとにかく考える

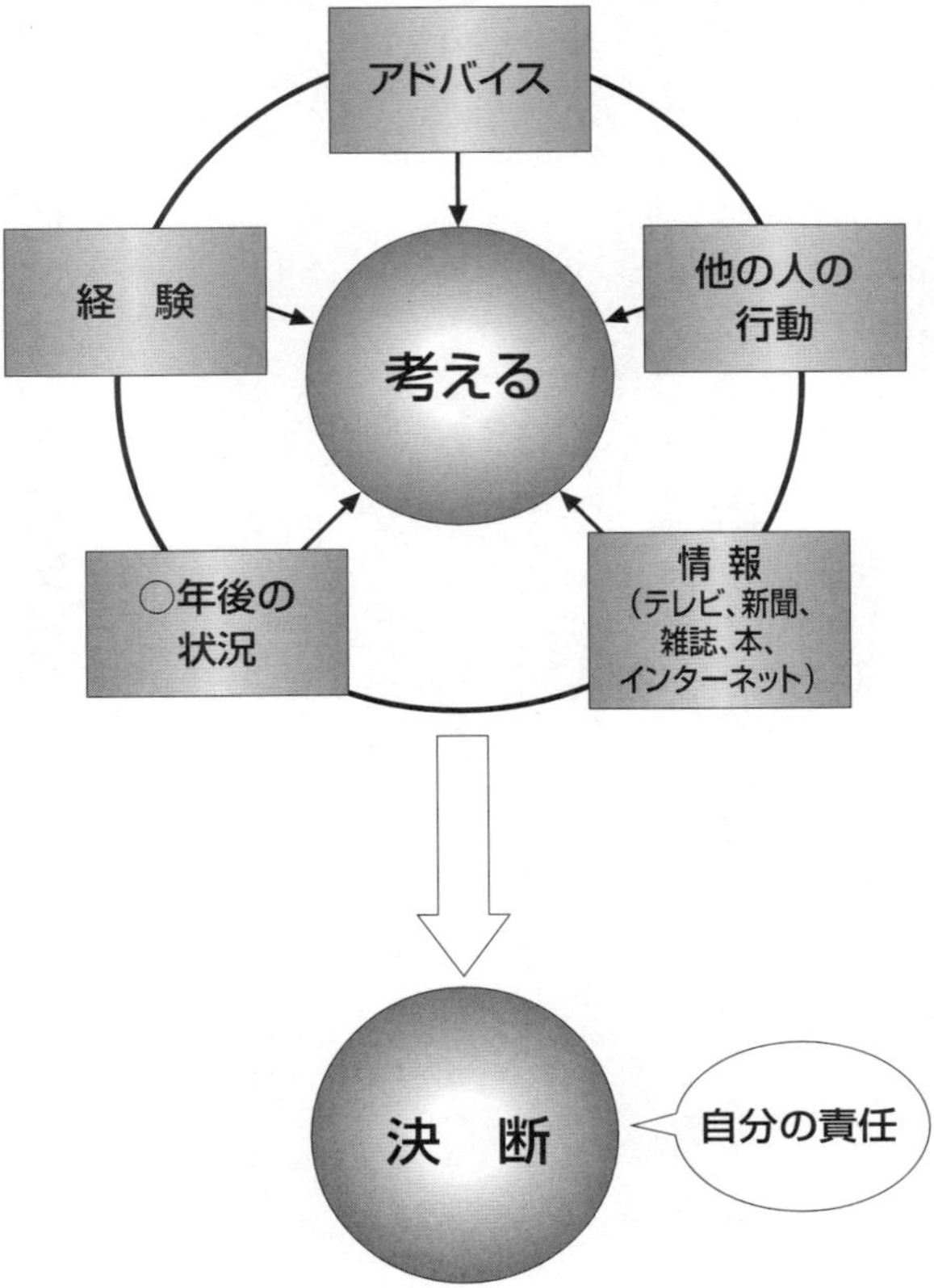
アドバイス
経　験
他の人の
行動
考える
○年後の
状況
情　報
（テレビ、新聞、
雑誌、本、
インターネット）
決　断
自分の責任

2 セカンドオピニオンを求める

相談したときのアドバイスが、自分の心にピタッとはまったら、後は実行あるのみです。勇気を持ってアドバイスを生かしましょう。

アドバイスに対して納得できず、気持ちが乗らないときは失敗しがちです。そのようなときは他の人にもアドバイスをもらいに行くことも必要です。

別の人からも同じアドバイスをされたら、より客観性が増し、説得力も高くなるでしょう。別の人からのアドバイスが正反対である場合もあります。この場合は、もう一人別の人からアドバイスを受けてもよいでしょう。

専門家のアドバイスだからと鵜呑みにせず、納得するまで、いろいろな人の意見を聞くことも必要です。

最終的にはアドバイスをくれた人の立場になって考えてみるなどして、どちらを選ぶかを自分で決めなければなりません。

アドバイスが納得できなかったら……

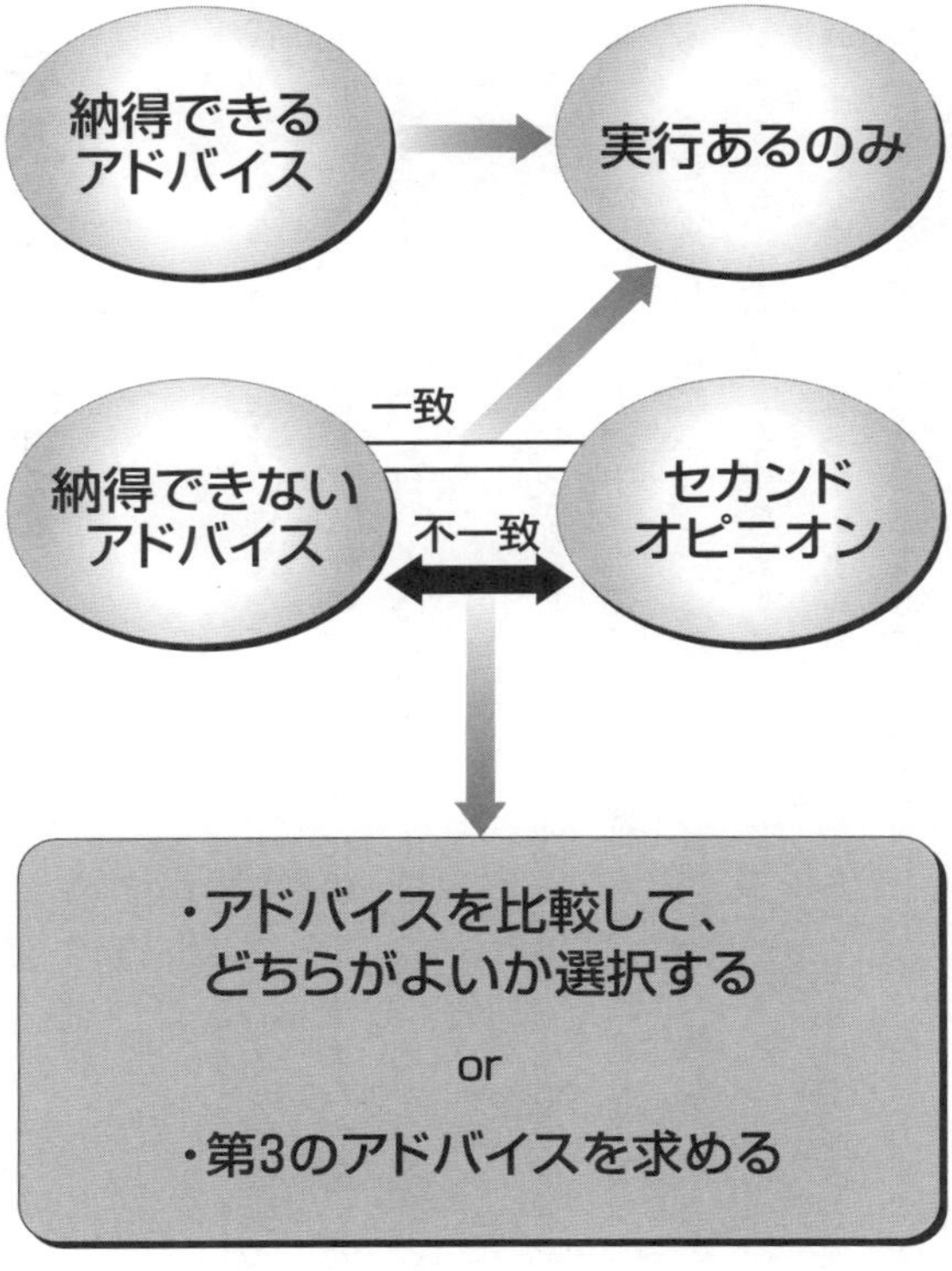
納得できる
アドバイス
実行あるのみ
一致
納得できない
アドバイス
不一致
セカンド
オピニオン
・アドバイスを比較して、
どちらがよいか選択する
or
・第3のアドバイスを求める

3 ウェートを決めて実行する

高度成長時代、多くの会社員が会社の様々な問題を解決するために家庭を犠牲にしました。家庭の問題は別として、日本の経済がそのような犠牲によって支えられていたことは確かでしょう。問題を解決するためには、ときにはウェートを決め、何かを犠牲にしなければならないこともあります。

仕事をきちんとして、家庭の生活に支障なく、なおかつ問題解決のための行動をするというのは理想です。しかし、すべてが中途半端になる可能性も大いにあります。

非常時であることを意識し、他のすべてを犠牲にする覚悟で取り組むことも必要です。もちろん専念しながらも、視野は広く持ちます。

また、いつまで努力しなければならないという期限がわかることも集中できる要因です。問題解決のためには期限を定めて、一つのことに専念することです。ウェート、期限を決めて実行することで力を発揮するための環境が整うのです。

ときにはウェートを決めて実行する！

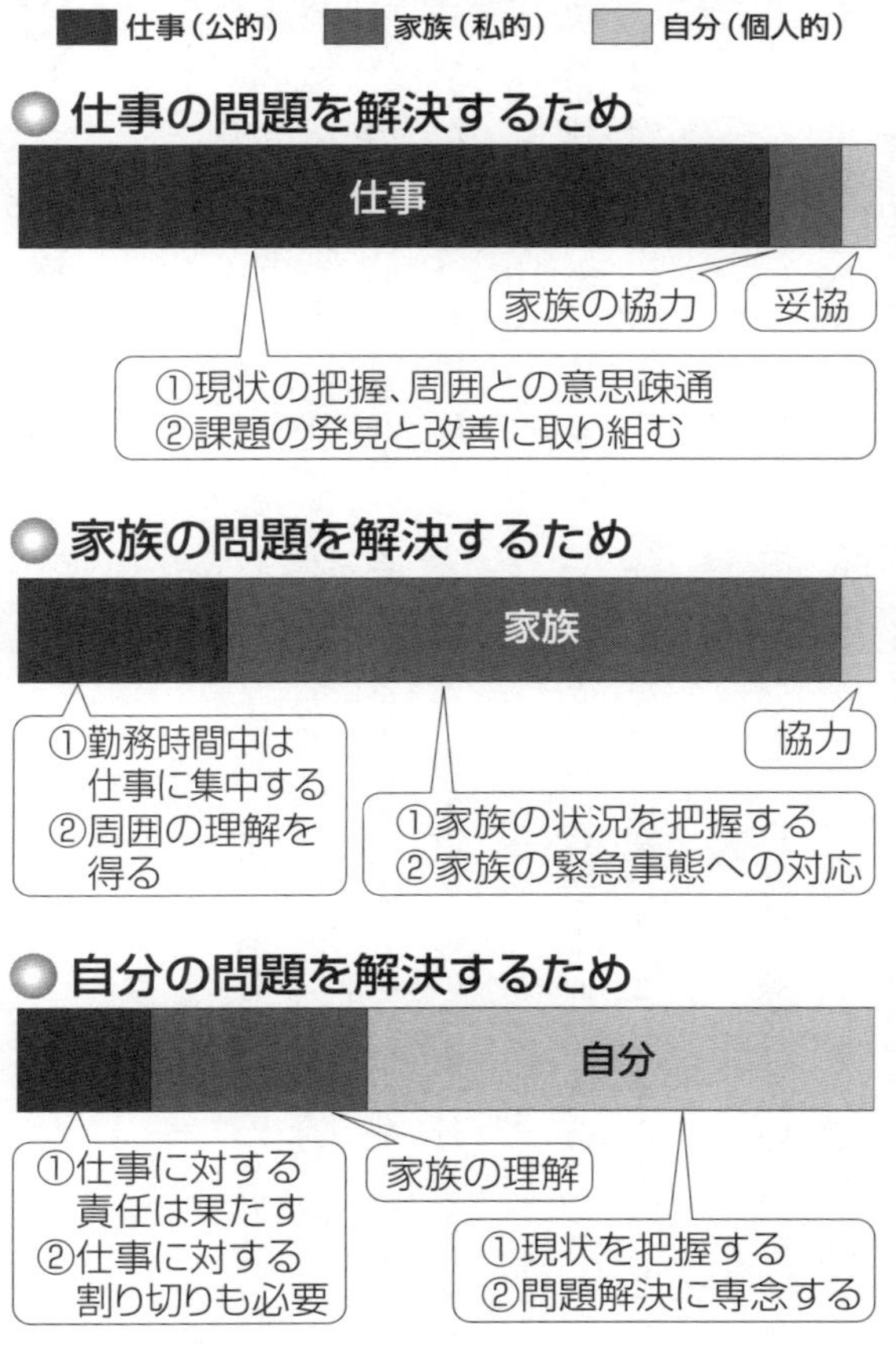
仕事（公的）
家族（私的）
自分（個人的）
仕事の問題を解決するため
仕事
家族の協力
妥協
①現状の把握、周囲との意思疎通
②課題の発見と改善に取り組む
家族の問題を解決するため
家族
①勤務時間中は仕事に集中する
②周囲の理解を得る
協力
①家族の状況を把握する
②家族の緊急事態への対応
自分の問題を解決するため
自分
①仕事に対する責任は果たす
②仕事に対する割り切りも必要
家族の理解
①現状を把握する
②問題解決に専念する

4 思い切って行動を起こす

方針が決まったら、思い切って行動を起こします。トラブルの可能性ばかり考えて行動しなかったり、相手から逃げたりしてはいけません。

「窮鼠《きゅうそ》猫を噛む」という言葉がありますが、本気になって取り組めば可能性は広がります。自分の力が足りなければ、協力してくれる人の力を借りて戦います。行動を起こしたら躊躇したり、迷ったりしてはいけません。

問題解決を他の専門家に任せるときは、その専門家の行動を全面的に支持することが必要です。自分の代わりに戦ってくれるわけですから、自分の分身として支えていくという気持ちです。

自分の任せた人なのに、その行動が批判を浴びると、自分は関係ないという顔をする人がいますが、それでは依頼した意味がありません。もし、専門家が自分の意思と異なることをしたときは、約束の報酬を支払って契約を解除すればよいのです。

行動する？　迷う？

行　動

↓ 現状がわかる
↓ 冷静な判断ができる
↓ 自分のやるべきことがわかる
↓ 力を借りなければならないところがわかる
↓ 問題解決へ前進する

迷い

↓ 自信がない
↓ マイナスのことばかり考える
↓ 言いわけを自分で作る
↓ 責任を押しつける
↓ 問題は変わらないまま

経済的なこと → 苦しい → 予算計画の見直しをする

体調 → 具合がよくない → 休養をとり体調を回復させる

依頼の相手 → 依頼相手に問題解決能力がない → 依頼相手を変える

期間 → 期限に間に合いそうにない → 期限を見直し、延長も考える

5 状況によっては軌道修正する

問題解決に当たっていると、さまざまな思いが
調を崩すこと、経済的な問題が発生することもあ
期待したほどではなかったということもあるでし
問題解決はそのときの状況に対応することが求
とが必要です。
子どもがいじめられたという事件で、学校の先
ぎると、裏切られたと感じることがあります。こ
し、問題解決は無理だということがわかれば、教
暴行や恐喝など事件性があれば警察に相談するこ
マスコミなどに事件を公にすることも方法の一
が、逆に問題を大きくしてしまうこともあります

お悩み相談室

～その6　嫌いな上司との付き合い方～

Q 上司が自分勝手で、それが嫌で会社へ行くのも辛い状態です。会社は好きなのですが、今の職場にはいたくありません。

A アメリカの経営学者P.F.ドラッカー教授は「上司には文章で理解する人と、話で理解する人がいて、部下になったとき、どちらの種類の上司かを見分けることが大切だ」と言っています。それまで評価されなかった人が、上司が替わることで評価が上がることもあります。しかし、そればかりを望んでいても現実は変わりません。上司に合わせてそれまでのやり方を変えることも必要です。まずは上司を観察し、上司の価値観を早くつかんでください。自分勝手で考えをすぐに変えるような上司ならば、振り回されないよう、まずはどれが正しい指示なのかを確認してください。

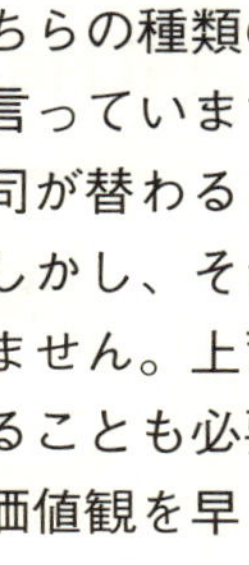

【第2部】 相談の受け方

第1章

相談されたらすること

1 相談を受ける場を作る

相談を受けるには、まず**悩みを聞く場を作ることから始めます**。また、普段から困ったことがあったら相談に乗るという態度を示し続けることも必要です。いつでも話を聞くという雰囲気を作るのです。そのような積み重ねが、いざ相談しようと思ったときに頼りにされる存在になるのです。

会社の規模が大きくなった場合でも同様です。相談室が設置されている会社もあるでしょう。社員の個人的な悩みから、会社に対する悩みなどを受け止める場です。内部告発は相談室や相談する人がいなく、会社に対する悩みを受け止める機能が働かないことによって起こります。

もちろん、問題を社外に発表される前に、社内で対応することを各企業は真剣に考えています。内部告発をされると、対応に追われるだけでなく、イメージダウンを含め多大な損害を被ります。

個人、企業の相談を受ける場

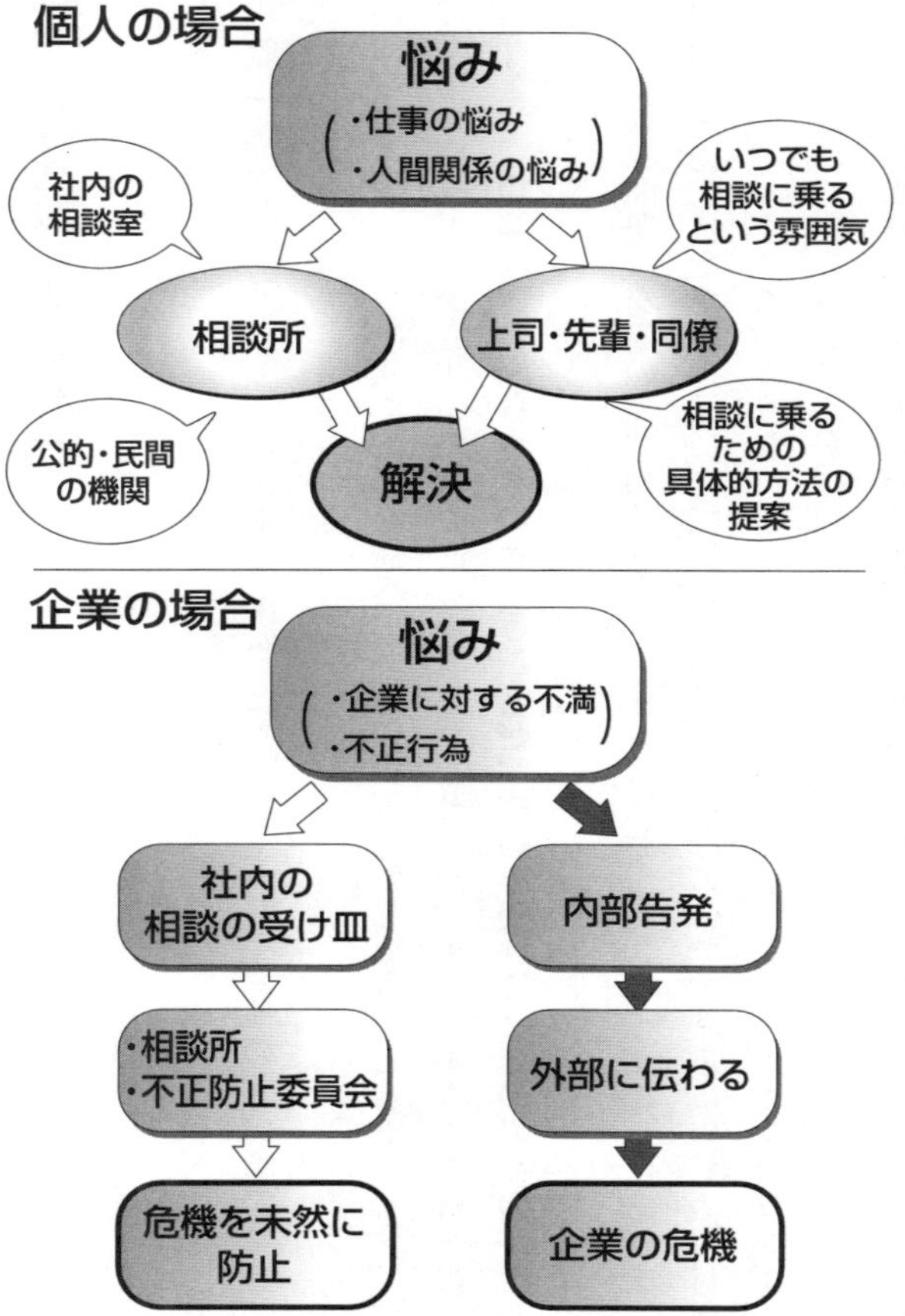
個人の場合
悩み
・仕事の悩み
・人間関係の悩み
社内の
相談室
いつでも
相談に乗る
という雰囲気
相談所
上司・先輩・同僚
公的・民間
の機関
解決
相談に乗る
ための
具体的方法の
提案
企業の場合
悩み
・企業に対する不満
・不正行為
社内の
相談の受け皿
内部告発
・相談所
・不正防止委員会
外部に伝わる
危機を未然に
防止
企業の危機

2 相談内容は漏らさない

相談内容は、どんなことがあっても他に漏らしてはなりません。他の人に話す場合は、必ず本人の了解を得てからにします。

意図的に漏らさなくとも、相談内容を調べている際に漏れてしまうこともあります。問題解決のために関係者に調査する場合もあるかもしれませんが、事前に本人の了解を得る必要があります。**相談内容を漏らさないということが、相談を受けるときの最初のルールです。**

学校への相談で問題になるのは、相談内容が関係者に伝わってしまうところにあります。いじめの相談を先生にしたら、逆に先生に言いつけたということで、さらにいじめの対象になってしまうのです。このようなことから、学校カウンセラーなど、カウンセリングの専門家が配属されてきているのです。

相談内容はどこから漏れるかわからないので、細心の注意を払ってください。

相談内容は絶対に漏らさない！

3 相談内容を他の人に話してもよい場合

相談内容を他の人に話してよいのは、本人の了解を得た場合のみです。相談内容によっては、機関などで調べる必要もあるかもしれませんが、そのときも匿名にするかどうかなどを本人に確認します。

また、自分の力だけでは十分でなく、他の人の力を借りなければならないようなときは、「専門家の○○さんの力を借りたいのですが、同席してもよろしいですか」というように確認します。相手の家族の協力が必要なときも同様です。

例外として、本人の了解を得なくてもよいケースが二つあります。

一つは、本人が自殺を考えているような**生命に関わる場合**です。

もう一つは、**罪を犯す可能性がある場合**です。この二つは黙っていることで、時間の経過とともに、本人のおかれる状況が悪くなってしまいます。相談を受けた人のみが、起こりうる行為を阻止できるからです。

相談内容を話してもよい場合とは？

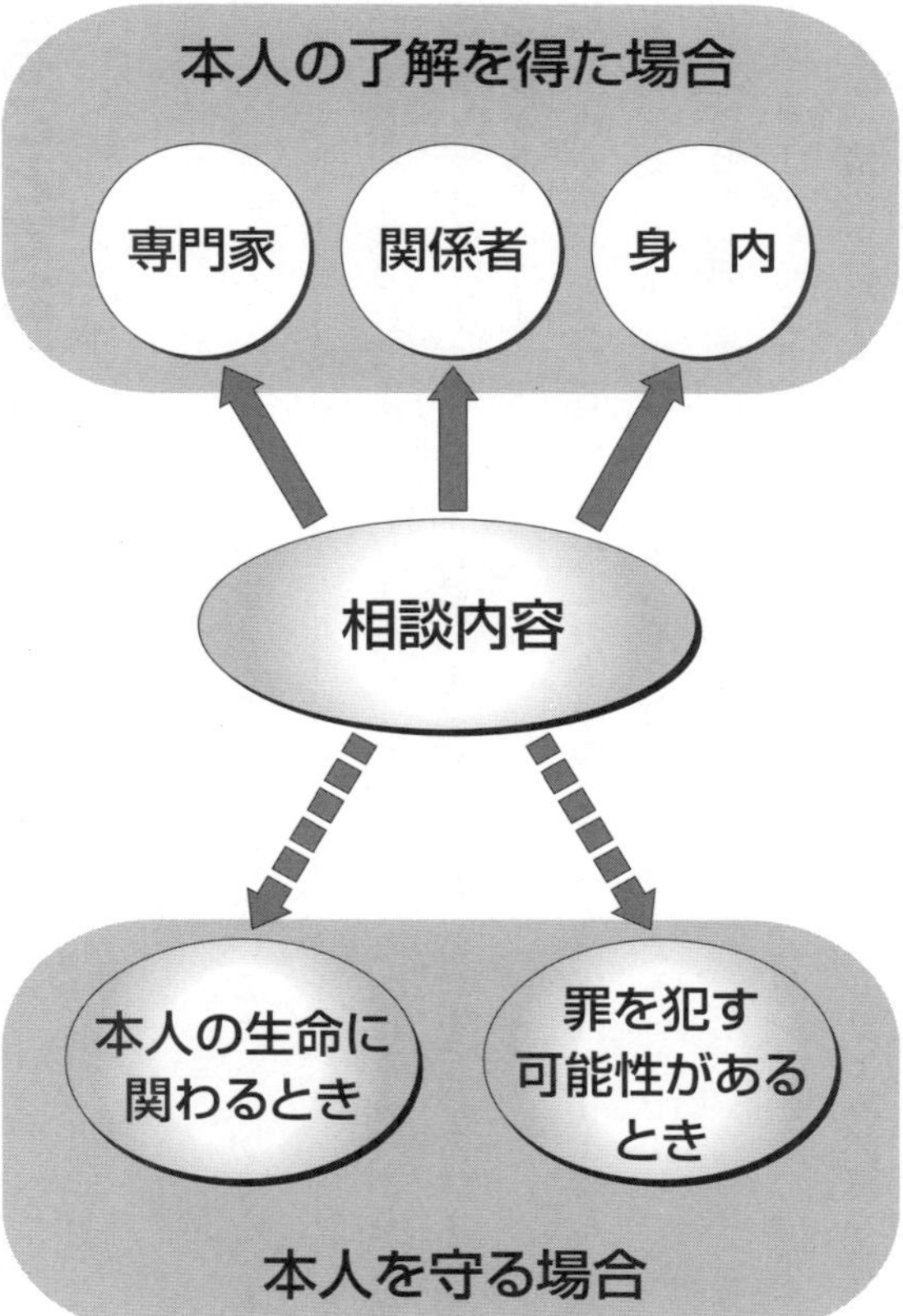
本人の了解を得た場合
専門家
関係者
身　内
相談内容
本人の生命に
関わるとき
罪を犯す
可能性がある
とき
本人を守る場合

4 手に余ることであれば他の人を紹介する

人の能力には限界があるので、相談ごとを一人で抱え込まないことも大切です。もちろん相談者に確認してからですが、他の人と分担することも工夫の一つです。

相談を受ける仕事を簡単に考えてはいけません。相談を受ける人は孤独であり、精神的にも疲労します。そのためカウンセラーには、上位者の指導・監督を受けるスーパービジョンという制度があるのです。

ところが、一般の相談を受ける人には、このようなバックアップはありません。ですから、自分の手に余るものは、複数で対応する形をとることも考えるべきですし、他の専門家にお願いすることも必要です。

お願いするときは、それまでの資料を相談する本人に返し、本人から直接、紹介者に渡すようにします。情報を紹介者に伝えるときも、間接的なやりとりによる誤解を避けるためにも、「○○について困っている」という程度に留めます。

何でも1人でできるわけではない

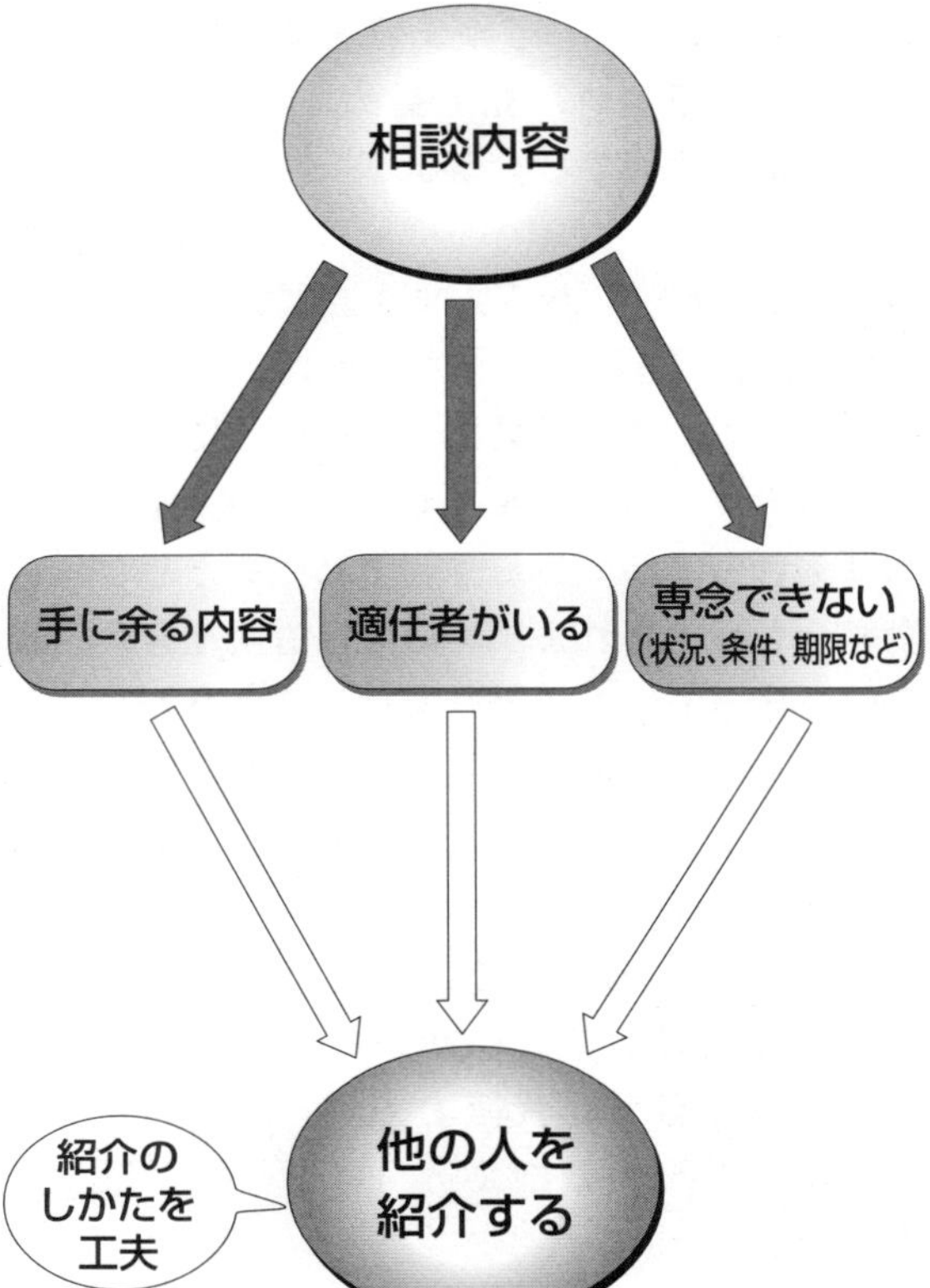
相談内容
手に余る内容
適任者がいる
専念できない
(状況、条件、期限など)
他の人を
紹介する
紹介の
しかたを
工夫

お悩み相談室

～その７　職場でセクハラがある～

Q 職場でセクハラがあります。皆も知っているのですが、見て見ぬふりをしています。どうしたらよいでしょうか。

A 会社内でしたら、まず直属の上司に相談します。それができなければ、その上の役職の人にです。この段階までは他の人に内密にして処理します。もちろん、セクハラ対策室などがあればそれもよいでしょう。それでもだめなら、労働組合も考えられます。以前は労働組合が相談の窓口になっていたこともあります。ただし、ここまでくると会社全体の問題です。労働基準監督署に申告すると、経営者に注意を促します。この先は内部告発も考えられます。被害にあっているのはあなただけではないかもしれず、自分が我慢すればよいと１人で抱え込まないことです。

【第2部】　相談の受け方

第2章

相談を受ける技術

1 邪魔の入らない場を作る

相談所のような話をする特別な場所がある場合以外は、場を作ることから始めることはすでに述べました。そして、その場所は**邪魔の入らない場**でなければなりません。

お互いにちゃんと話ができる場がないことで、「相談しなければよかった」ということにもなりかねません。

上司が部下の相談を受けるような場合も、その場でせずに周囲から遮断される場を作ることです。会社の中では会議室などが適当でしょう。電話の取り次ぎなども断り、邪魔が入らないようにします。

相談をすること自体を知られたくないという場合には、社外の喫茶店などを利用します。喫茶店などの人の動きが見える場では、相談を受ける人が壁を背にし、相手の視線から人の動きを遮断するとよいでしょう。事前にわかっているときは、内容に応じた場を用意しておきます。

落ち着いて話をできる場所が必要！
会社で
会議室
只今使用中
●会議室
●社外の喫茶店
※相談者は壁に背を向けて座る
落ち着いて話をすることができる場所であること
家庭で
ノックすること！
立ち入り禁止
入るな！
●個室
●公園
●喫茶店・レストラン

2 相手の話を黙って聞く

相手のことがわかるにつれて、話が終わる前に「だから言ったじゃないの」と自分の意見を述べたり、「君がちゃんと言わないのが悪い」や「ばかだな」などと叱責しがちです。これは、相談を受ける態度としては間違いです。

本人は、自分でまずかったと思うことは自覚していることが多いのです。いくら相手のためと思っていても改めて叱責する必要はないのです。

相談を受ける場合は、**まず、相手の話を徹底的に聞く努力をします。**相手も何かを言いたくて相談に来るわけです。言いたいことを準備しているのです。

相手が相談内容を伝え終わるまでは、こちらからは口を出さずに話を聞くのです。さすがに、無言で話を聞かれると相手も話しにくいので、うなずいたり、メモをとるなど、真剣に聞いていることを示します。話が終わってから、わからないことを確かめたり、相手の言葉を引き出したりします。

上手な聞き方3つのポイント

❶ 意識して話を聞く

○最後まで聞く
○相づちを打ちながら聞く
○メモをとる
○相手を見ながら聞く
×他のことをしながら聞く

❷ 話を遮らない

①話の途中で相手を叱責しない

- 「だから、あれほど言ったじゃない」
- 「君がちゃんと言わなかったのが悪い」

②話の途中で意見を言わない

- 「それは相手にも事情があるんじゃない」
- 「それはね。こういうことだよ」
- 「勘違いじゃないのかい」
- 「何か証拠があるのかい」
- 「ばかばかしくて聞いてられないよ」

❸ 話の後で確かめる

①事実を確かめる
②根拠を確かめる

3 相づちを打ちながら聞く

話のやりとりを楽しむ日常会話と違って、相談を受けるときの相づちは限られています。カウンセリングでは、相手の話をそのまま繰り返せということをよく耳にします。必ずしも、それだけでよいとは限りませんが、相手の話しを受け止めているということを示す相づちが基本です。

たとえば、①そのまま受ける相づち「はい」「うん」「なるほど」や、②「やはり、○○ですね」と繰り返す相づち、③驚きの相づち「へえー、知らなかったな、びっくりだね」、④同情の相づち「大変だったね、苦しかったろう」、⑤感謝の相づち「ありがとう、よく話してくれたね」などです。

打ってはいけない相づちは、相手の話を疑うような相づちです。「嘘だろ」「そんな話は今まで聞いたことがない」や、相手を追及するような「何か証拠でもあるのかい」などという相づちです。

相づちのコツ

❶ 相手の話を受け止める相づち

①そのまま受ける相づち

- 「はい」「うん」
- 「なるほど」

②相手の話を繰り返す相づち

相手:「これは○○だったんだよ」
自分:「やはり、○○はいいですね」

③驚きの相づち

- 「そんなことがあったの」「知らなかった」
- 「驚いたな」「びっくりしたよ」

④同情の相づち

- 「それはよかった」
- 「それは大変だったね」

⑤感謝の相づち

- 「ありがとう」
- 「助かったよ」

❷ 打ってはいけない相づち

①相手の話を疑う相づち

- 「嘘だろ」
- 「あの人に限ってそんなことはないね」
- 「そんな話は聞いたことがないね」

②相手を追求する相づち

- 「何か証拠でもあるのかい」
- 「それでは彼に確かめる必要があるね」

4 相手の立場になって聞く

相談の話を聞くときは、とかく事実を客観的に捉えなければ、問題を解決しなければという気持ちから自分の立場で聞きがちです。相談の場合、**相手の立場で聞くこと**が求められます。その方法の一つに、相手の言葉を繰り返しながら聞くことがあります。

①どのような出来事か、②どれほど困っているか、③どのような被害にあっているか、を相手の気持ちになって聞きます。

相談を受ける人は、自分の経験や人から聞いた話を含め、深刻な話に慣れてしまっている場合が多くあります。だから、つい、「そんなことは気にしなければいいんだよ」と、同情よりも元気づける言葉をかけたくなるのです。

ところが、初めて経験する人にとっては大変な出来事かもしれません。相談者の立場になって受け止めると、「大変だったろう」「よくがんばったね」という相手の心に響く言葉が自然と出てくるわけです。

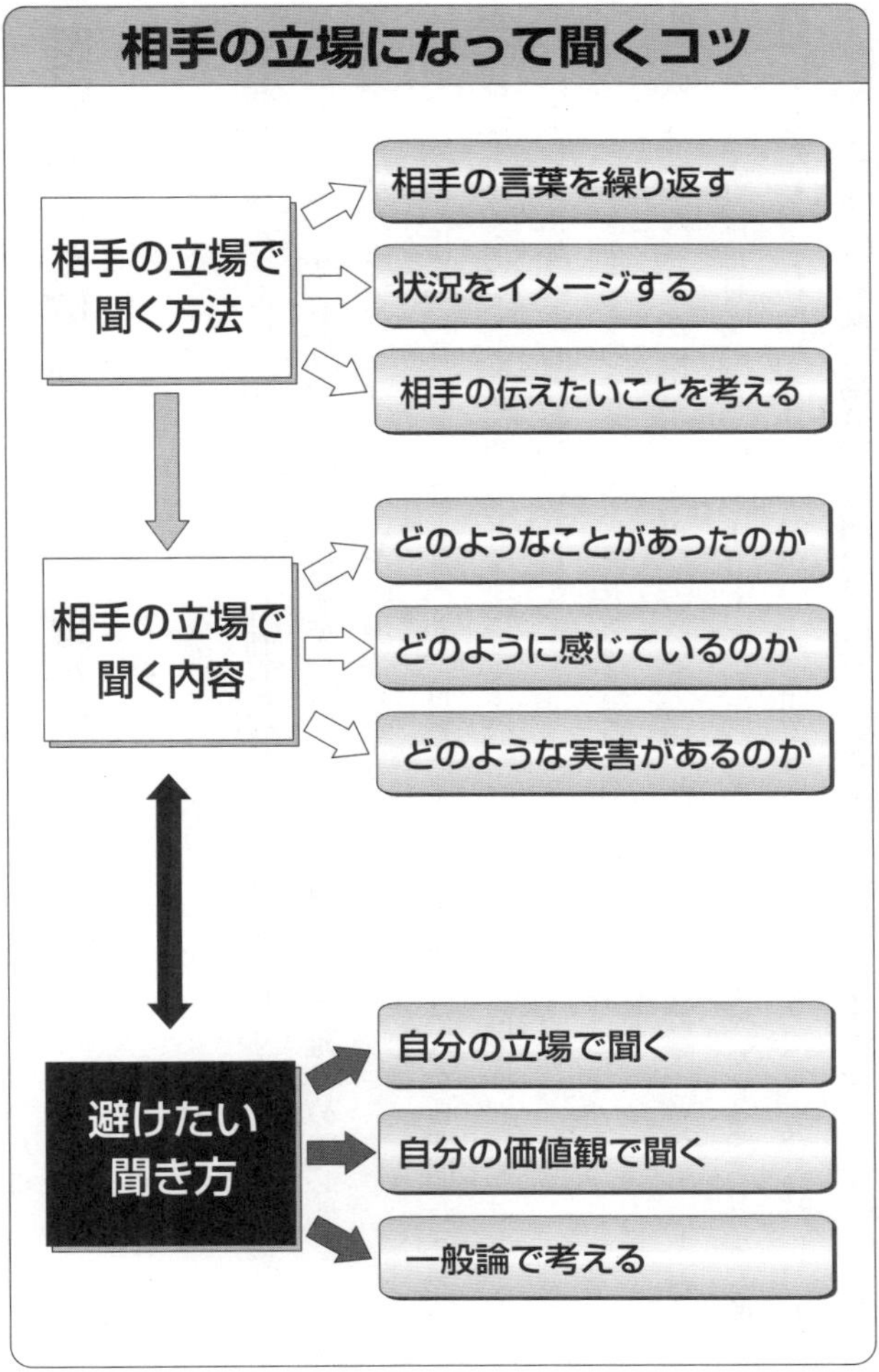
相手の立場になって聞くコツ
相手の立場で聞く方法
相手の言葉を繰り返す
状況をイメージする
相手の伝えたいことを考える
相手の立場で聞く内容
どのようなことがあったのか
どのように感じているのか
どのような実害があるのか
避けたい聞き方
自分の立場で聞く
自分の価値観で聞く
一般論で考える

5 曖昧なことは質問をして確かめる

相談内容によっては、相談者と共に行動したり、一緒に調べたりすることがあります。また、相談者の話の曖昧なところや隠していることは、**質問をして確かめる**必要があります。本人自身がはっきりつかんでいない場合もあるのです。

また、本人が実際に体験したことなのか、見たことか、あるいは人から聞いたことなのかどうかも確かめておく必要があります。本人の思い込みによる勘違いなどはよくあり、それによって相談の方向性も変わってきます。

ただし、本人を疑うのではなく、事実を確かめておくのです。

曖昧なところを確かめるのは表現についても同じです。たとえば、「いつも」と言ったときに、それは毎日なのか、普通よりも多いということなのかを確かめます。「少し前から」でしたら、それは一カ月前なのか、一週間前なのかというようにです。ただし、事実を確認するという意味であり、証拠を見せろという要求ではありません。

曖昧なことはそのままにしない

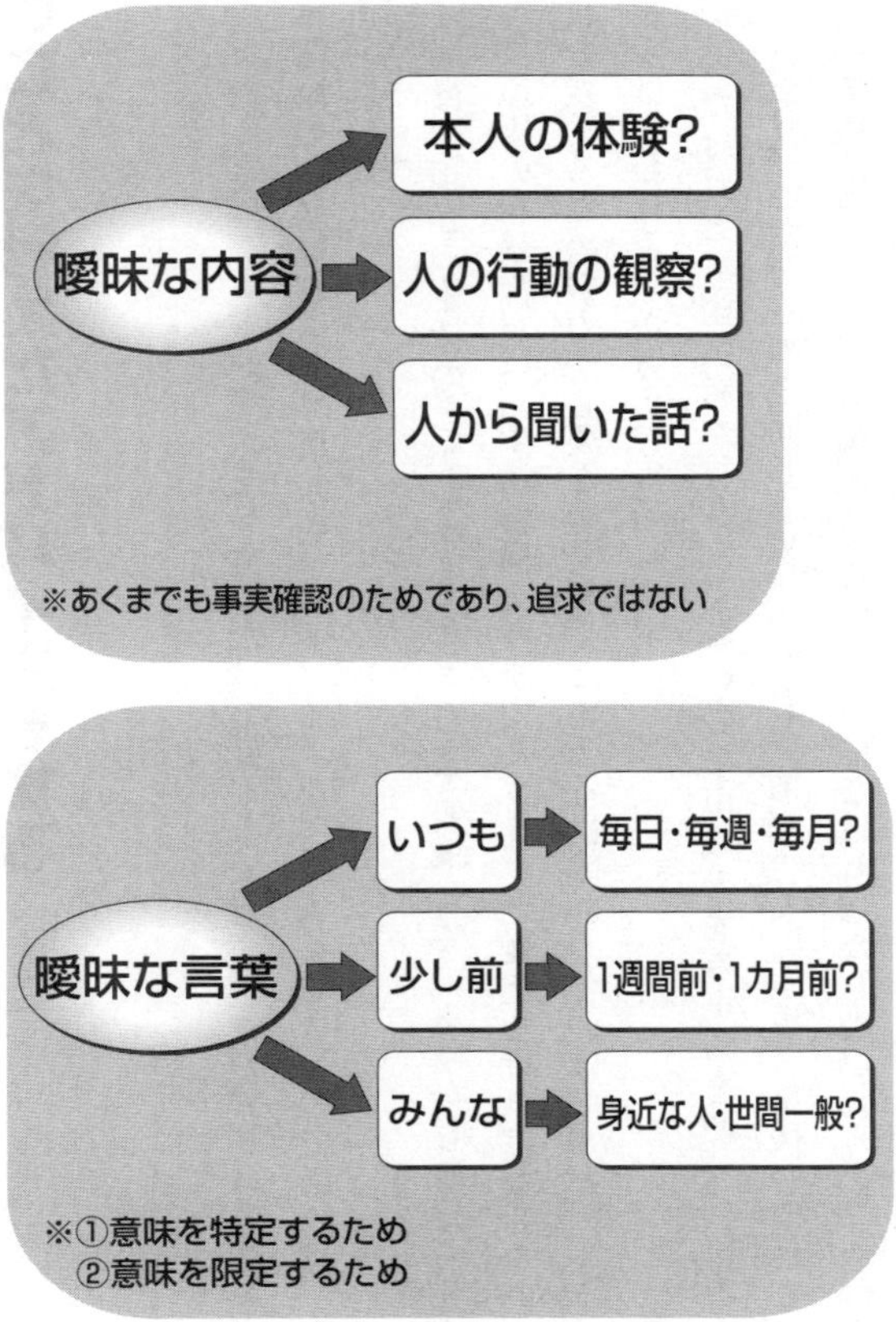
曖昧な内容
本人の体験?
人の行動の観察?
人から聞いた話?
※あくまでも事実確認のためであり、追求ではない
曖昧な言葉
いつも
毎日・毎週・毎月?
少し前
1週間前・1カ月前?
みんな
身近な人・世間一般?
※①意味を特定するため
②意味を限定するため

6 相手のことを考えたアドバイスをする

相談を受けたときは、アドバイスを与えるだけでは不十分です。その**アドバイスを実行できるように協力しなければなりません**。アドバイスだけで実行できるのであれば、現在の状況に追い込まれていないとも考えられます。

アドバイスは、現在の生活のしかたを変えることを要求している場合も多くあります。だらしなさが原因の相談ならば、生活習慣を今までとガラッと変えなければならないでしょう。現状を変えるための力が必要なのです。どのように関わっていけば、どのように協力すれば相手は変われるのか考え、行動します。

歯が痛いのだけれど、歯医者へ行きたくないので市販の痛み止めを使っている人に、「早く歯医者に行け」と言うのと同じです。歯医者を怖がっている患者を扱い慣れていて、痛みの少ない治療法を使っている歯医者を探してあげなければならないように、その人に合った方法が必要なのです。

実行されてこそアドバイス

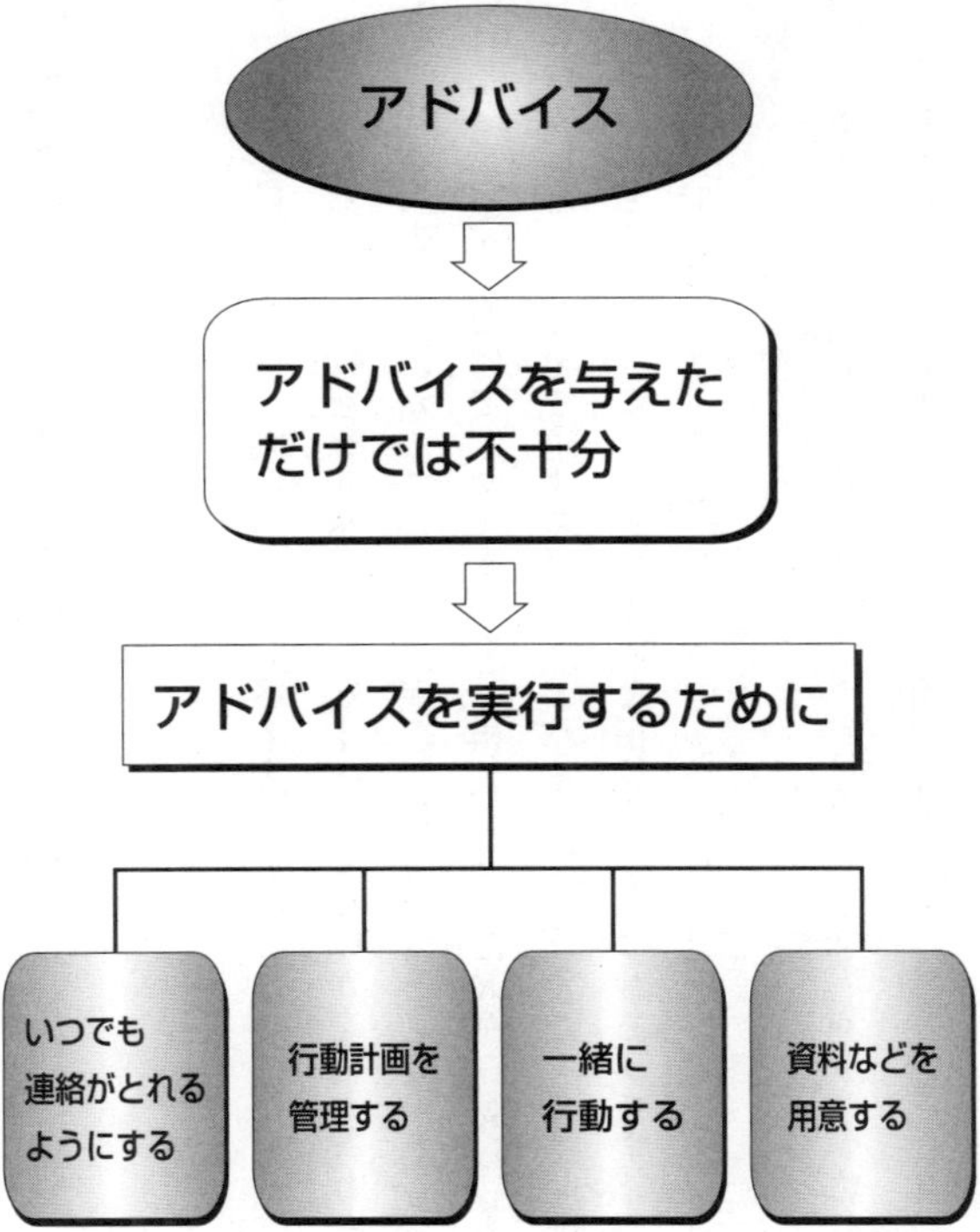
アドバイス
アドバイスを与えただけでは不十分
アドバイスを実行するために
いつでも連絡がとれるようにする
行動計画を管理する
一緒に行動する
資料などを用意する

※状況の変化に対応できる対策を考える

7 本人がすべきことをアドバイスする

相談の話を聞き終わったら、何らかのアドバイスをすることになります。アドバイスは、相手のことを考えた上で、**何をなすべきか、なすべきでないか**をはっきりと指摘します。そのとき、相談者の現在おかれている状況から対策を立てる必要があります。アドバイスは単に行動を指示するだけではありません。相談を受けた人が調査し、方針を立てるまで何もしないでほしいことを要求するのもアドバイスです。また、今までの生活のリズムを崩さないようにすること、このままでよいと指摘することもあります。

電話でのトラブルであれば、電話がかかってきた時間を記録し、電話の内容を録音して状況を把握することもあるでしょう。

相談内容によっては、個人では抱えきれない問題もあるかもしれません。そのときも、自分だけで何かしなければとあわてる前に、弁護士や医者、警察などに相談することをすすめることもあります。

することとしないことを含めてアドバイスする

本人がすべきこと
をアドバイスする

行動する

・積極的に行動する
・今までと違うこと
　をする
・意見を述べる
・公的機関に連絡する

行動しない

・様子をみる
・今までの生活の
　リズムを崩さない
・相手にしない
・状況を記録する

8 相談の継続を約束する

一回の相談で終わるのではなく、**問題が解決されるまで見放さない**と相手に感じさせることが重要です。

相談する側は大きな不安を抱えているのです。相談を受けた人に調査を依頼した場合、相談者はその結果を早く知りたいはずです。次回はいつ相談に乗ってくれるのかというのも気になるでしょう。

相談する人は、具体的な日にちを知ることで不安が一つ取り除かれるのです。期限が決まると待つことができますが、いつかわからない予定は不安なものです。定期的に状況を聞く約束をするだけでも安心するものです。

また、たとえ相談相手があなたから専門家に代わったとしても、その報告をあなたに話したいという気持ちもあるのです。他の人に任せたからと突き放すのではなく、いつでも話し合える関係を作ることが必要です。

相談の継続が安心の秘訣

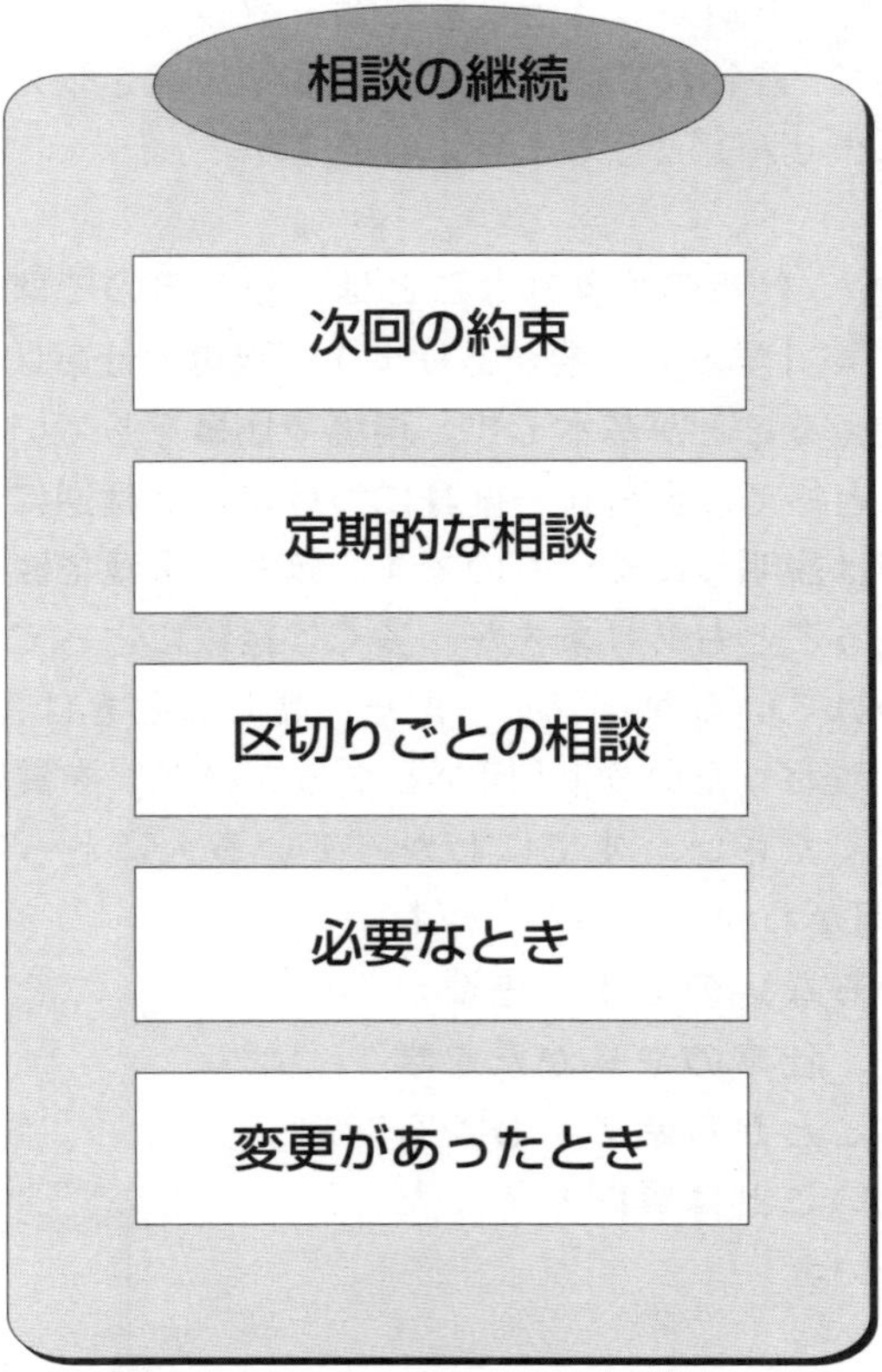
相談の継続
次回の約束
定期的な相談
区切りごとの相談
必要なとき
変更があったとき

お悩み相談室

～その８　先輩が仕事を教えてくれない～

Q　上司から「仕事を先輩に教わるように」と言われていますが、先輩は仕事を教えてくれません。どうしたらよいですか。

A　仕事の実務的なことは、教わるのではなく「学ぶ」必要があります。現場の仕事は目で覚えることが基本です。現場で仕事をしている人にとって、自分が一度身につけたことは逆に言葉では説明しにくいものです。確かに言葉で説明できることもありますが、多くは経験によって身につけているからです。また、教わるときは、「何を教わりたいか」「何がわからないか」を質問してください。すでにわかっている人にとっては「何がわからないか」がわからないのです。先輩から、仕事のやりかたを学ぶことから始め、わからないことは質問してください。

【第2部】　相談の受け方

第3章

聞き方の技術

1 座る位置を工夫する

相談を受けるときは、相手が話しやすい場を作ることが大切です。悩んだり、問題だと感じるような話は、プライバシーに関わる話もあるので、少しでも**話しやすい雰囲気にすることが**必要です。

話しやすい場を作るためには、まず周囲からは見えにくく、聞こえにくい場所にします。その次に、座る位置を工夫します。正面に向き合うと話しにくい場合があるので、できれば、カウンターに座ったときのように並んで腰かけるか、斜めになるような座り方がよいでしょう。

また、どうしても向き合って座るような位置しか作れないときは、目だけを注視しないようにします。見つめられると、緊張が高まってしまうからです。相手の顔は見ますが、顔全体を柔らかく見るとよいでしょう。私は営業担当者の研修で、相手の耳を見なさいと教えています。耳を見ると顔全体が見えるからです。

座る位置は視線がポイント

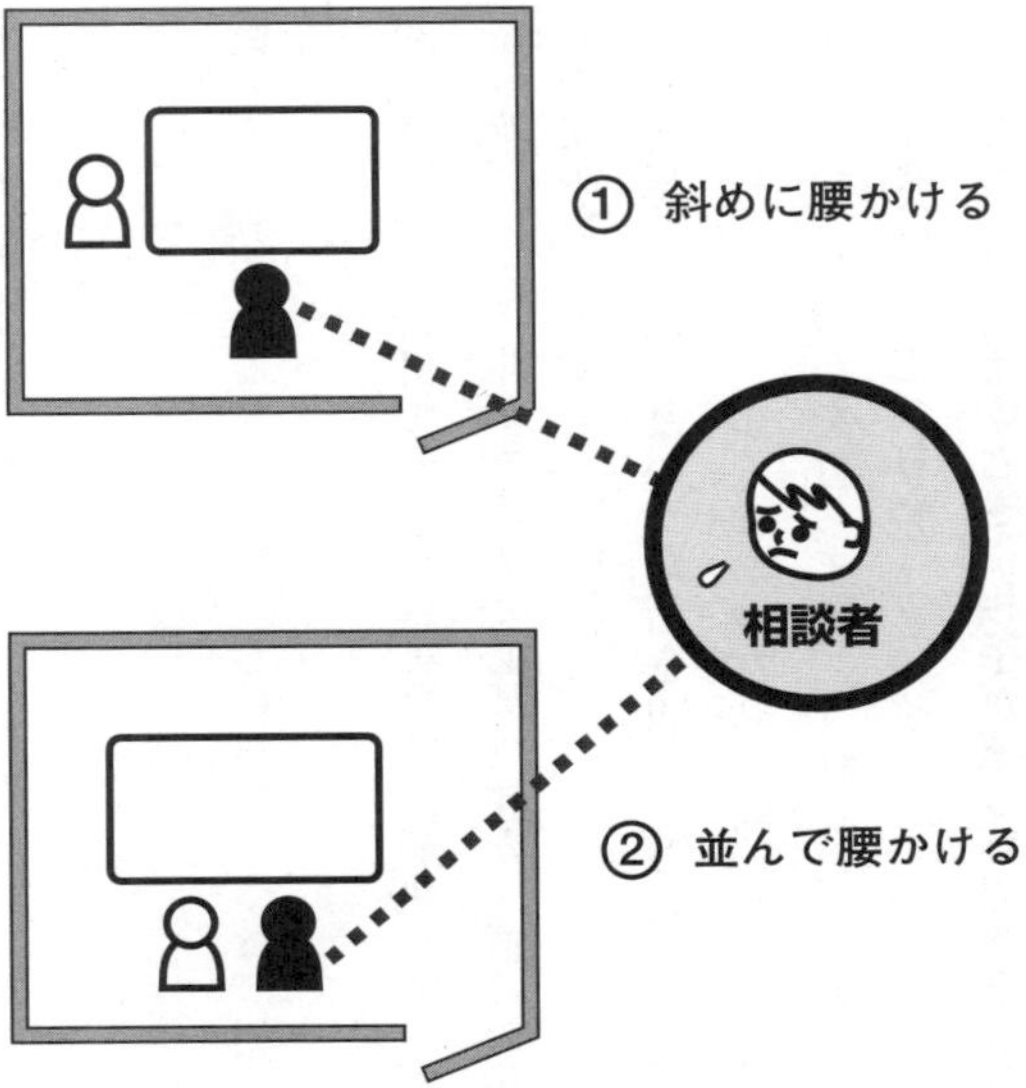
① 斜めに腰かける
相談者
② 並んで腰かける

どうしても向き合う場合は相手の耳を見て話すとよい

2 共感を示しながら聞く

「話を聞いてくれている」と判断する材料の一つは、相手が話に共感してくれているかどうかです。

弁護士や医者、公認会計士のように実務的に解決していく相談であれば、相手の話の中から事実を正確につかみ取る聞き方が必要ですが、悩みの相談では相手の話に共感を示しながら聞く必要があります。

「突然問題が起こった」といった話を聞いたならば、「びっくりしたでしょう」などの驚きの相づちを打ちます。よくなかった話を聞いたときは、「つらかったでしょう」と同情や相手をいたわる相づちを打ちます。うれしいことがあったならば、「それはよかったですね」などと共に喜ぶ相づちを打つのです。

共感を示すためには、**そのときに相手が感じたであろう気持ち**を言ってあげることなのです。共感を示すことで、相談者は自分の話がわかってもらえたと実感するのです。

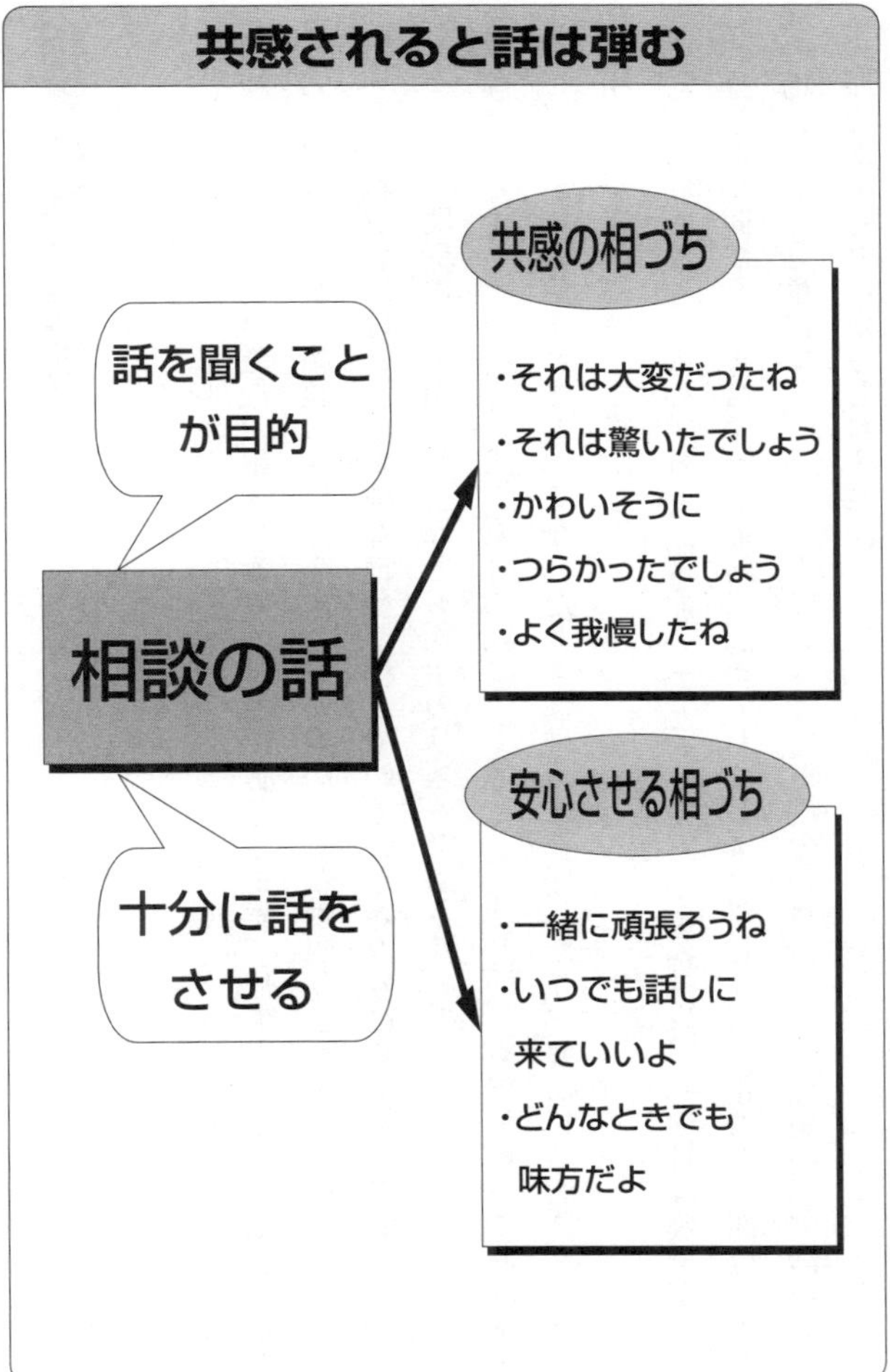
共感されると話は弾む
話を聞くことが目的
相談の話
十分に話をさせる
共感の相づち
・それは大変だったね
・それは驚いたでしょう
・かわいそうに
・つらかったでしょう
・よく我慢したね
安心させる相づち
・一緒に頑張ろうね
・いつでも話しに来ていいよ
・どんなときでも味方だよ

3 相手に話させる

相談内容の話に入ったら、相談する人に自由に話させます。仕事の話では結論をつかもうとして聞きますが、相談の話には必ずしも結論があるとは限りません。

しかし、**相談の話はどこに重要な情報が秘んでいるのかわかりにくいものです。**少々脱線しようと、関係のない話をしようとも相手のリズムで話させるのです。

相談者がうまく表現できなかったり、躊躇するような部分は、表現を補ってあげます。また、脱線して話がまとまらなくなったときは、話を整理したり、要約してあげます。これも相談者が自由に話した後にします。

もし、時間がなくてゆっくりと話を聞くことができない場合には、「今日は残念ながら二〇分しか時間がとれません」と最初に伝えておくとよいでしょう。相談の時間は、専門家の場合は三〇分単位です。カウンセリングでも五〇分前後が多いのは集中して話を聞くには限界があるせいかもしれません。

話を引き出す6つのコツ

コツ	内容
話のきっかけを与える	・世間話から入る ・最近の出来事などを聞く
結論を意識しない	相談には結論がないと考えた方がよい
相手のリズムで話をさせる	話が脱線することも重要な情報につながることがある
表現を補う	・言葉を言い換える ・たとえ話をする ・話を整理する
集中力を切らさない	ある程度、時間を決める。次回に持ち越すことも考える
時間がないとき	あらかじめ、時間がないことを伝えておく

4 言いにくいことは相手から引き出す

相談者は隠したいことや、自信のないことは、曖昧に表現したり、表現するのを避けようとします。隠したいこととは、よくないことをしていると心の中で思っていたり、他の人に悪い影響を与えそうだと感じている事柄です。

これらのことは相手が話すことをただ聞くのではなく、**質問をして相手に言わせる**のです。ただし、警察の取り調べではないので、厳しく追及してはいけません。論理的に、矛盾していることを意識させながら、相手に話させるわけです。「現場にいなかったのに、詳しく知っているね」や「現場にいたのに見なかったのかい」というように矛盾点をさりげなく突き、話を引き出すのです。

「もう少し詳しく状況を説明してくれないか」と話を向けてもよいでしょう。どうしても話さないことは、相談者の周りから確認します。だれかをかばっている可能性もあるので話の視点を変えることが必要です。

話を引き出す言葉

隠しておきたいこと

- 自信がない
- 恥ずかしい
- 話すと自分が不利になる
- 他の人を不利にする
- 犯罪に関わる

⇩

厳しく追及しない

ヒントを出して ⇩ 引き出す

引き出す言葉

- そんなに詳しく、よくわかったね
- ここがちょっとわからないんだけど
- よく、こういう風に言われているけど、どうですか
- 恥ずかしいことじゃないよ
- だれにでもあるんだから
- こういう相談は多いんだよ
- ここだけの話にしておくよ

5 具体的な事実を引き出す

相手の悩みを聞きながら、その悩みの原因をつかんでいきます。同じ一つの出来事でも、その受け取り方によって、悩む人と悩まない人がいます。悩むポイントは人によって違うことも多いのです。

相談者の気持ちになって、**事実を探っていくこと**が必要です。これが相談の話を聞く難しいところです。

事実を探るポイントは5W1Hです。このポイントを意識して聞きます。

①When（いつ）、②Where（どこ）、③Who（だれ）、④What（何）、⑤Why（なぜ）、⑥How（どのように）の六つの項目を会話の中で聞き出していくわけです。

相談者の気持ちになると同時に、事実を導き出すことによって相談の内容を明確にしていくのです。

事実を引き出す6つのポイント

①When（いつ）	・いつのことなのか ・いつからなのか
②Where（どこ）	・どこで起こったのか
③Who（だれ）	・どんな人なのか
④What（なに）	・何があったのか ・何を悩んでいるのか
⑤Why（なぜ）	・どうして悩んでいるのか
⑥How（どのように）	・どのように行われているのか ・どれくらい行われているのか

これらを組み合わせて事実に近づける

6 理由を相手から引き出す

同じ事実に遭遇しても、その受け取り方が違うということはすでに述べました。たとえば、「酒が飲めない」という事実があるとします。悩む人は酒が飲めないことによって、人づき合いがうまくいかない、人間関係がうまくいかない、仕事がうまくいかないなどと悩むわけです。

そこで、そのような**悩みの種子**を探るのです。仲間たちが職場で昨日の飲み屋での出来事を話して盛り上がったのを聞いて、酒が飲めない人が落ち込んでいるとします。よく見れば、自分が仲間に入れず、孤独感を味わっているのだということがわかるわけです。酒を飲めないという悩みではなく、「仲間に入れないことでの悩み」だということがつかめれば、解決の方法はいくらでも見つかるはずです。

相談者の価値観や能力、習慣、性格が、悩みを作り出していることに気がつくでしょう。なぜ悩むのかという理由を引き出すわけです。

悩みの種子を見つける

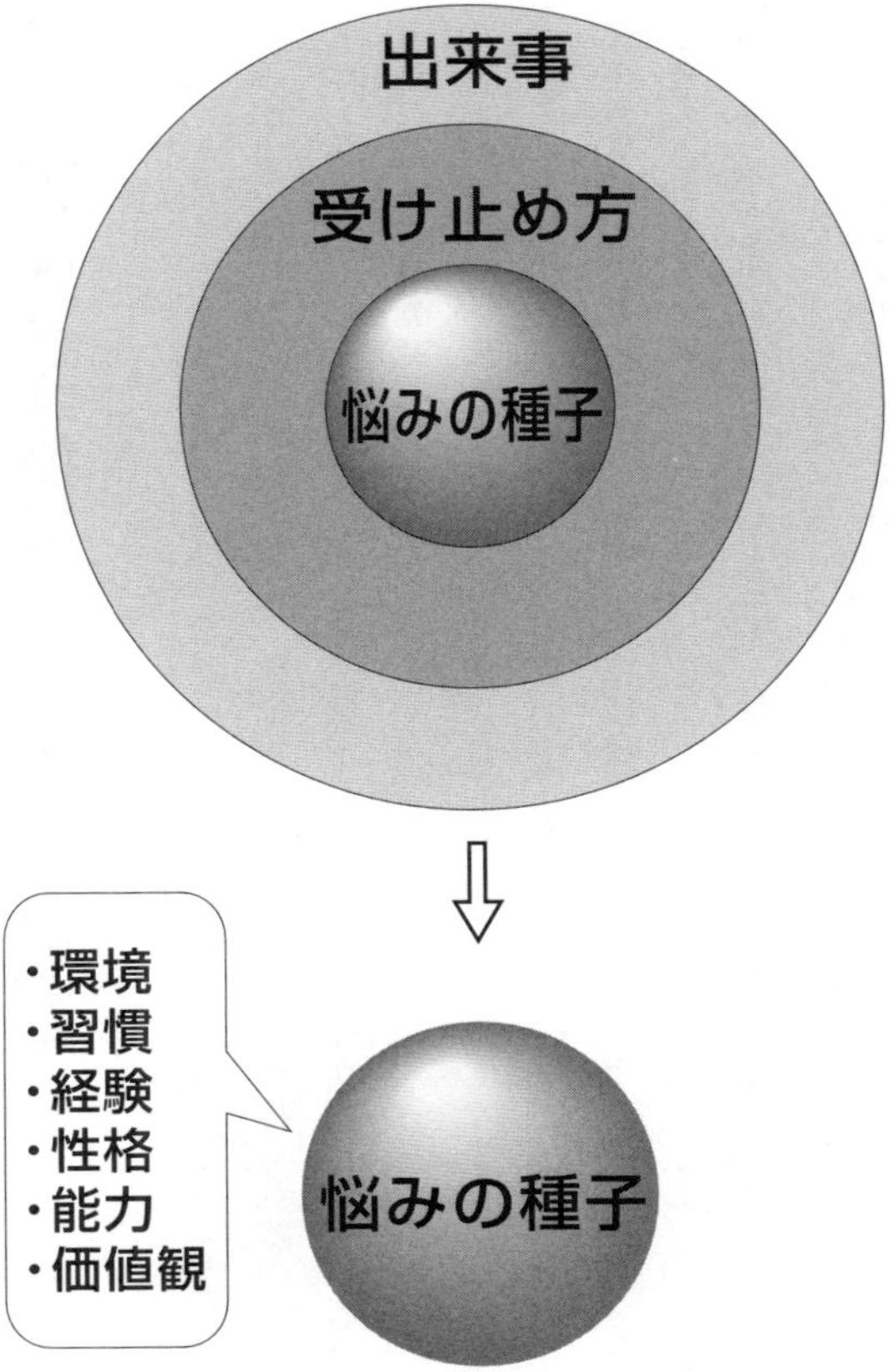
出来事
受け止め方
悩みの種子
・環境
・習慣
・経験
・性格
・能力
・価値観
悩みの種子

7 話された事実から本質的な原因を想像する

悩みを生み出す原因になる価値観や能力、習慣、性格はどのように作られるのでしょうか。その見つけ方の一つは、相談者の過去の経験を話させながら現在起こっている事例を比較し、相手に考えを確かめていくことです。

相談者の価値観や能力、習慣、性格はそう簡単に変わるものではありません。家庭環境や、教わった先生の影響もあるでしょう。先輩のやり方を見てということもあるかもしれません。ですから、価値観や能力、習慣、性格には個人差があります。その特徴を考えた上で対策を考えるのです。

常に怒られたり、文句を言われたりするような環境で育つと、マイナス思考になりやすいといわれるようにです。無意識に身についたものはなかなか変えられませんが、知識や理論など意識して身につけたものは変えられる可能性があります。

悩む原因はどこから来るのか

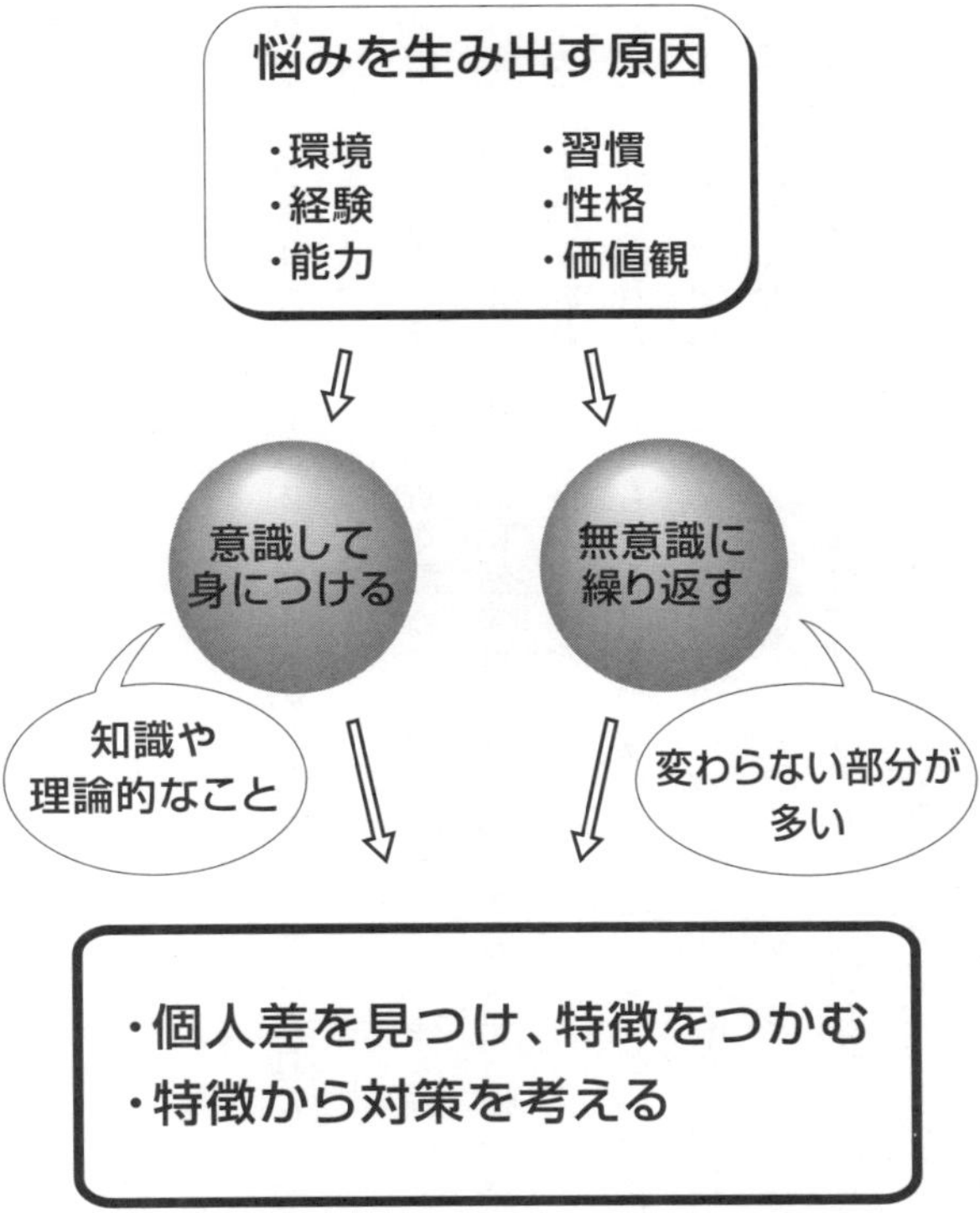
悩みを生み出す原因
・環境
・経験
・能力
・習慣
・性格
・価値観
意識して身につける
無意識に繰り返す
知識や理論的なこと
変わらない部分が多い
・個人差を見つけ、特徴をつかむ
・特徴から対策を考える

8 秘密厳守は念を押す

相談内容の秘密厳守は鉄則です。相談内容は本人の了解がなければだれにも話さないことを事前に話しておきます。

だから、相談内容が漏れるトラブルを防ぐためには、これまでにだれに話したのかを相談者に確認しておきます。また、今後だれに話す可能性があるかもです。他の人に話したということは、そこから話が漏れる可能性があるからです。

相談者が話したことから漏れたとしても、相談を受けた人が漏らしたと誤解され、不信感を持たれてしまうということはよくあることです。こうなると相談者との間に大きな溝ができ、解決どころではなくなります。

書類や資料の扱いに注意することも伝えなければなりません。問題解決の過程で第三者に話す必要があるときも同様です。また、様々な情報から相談者を特定されてしまうことにも気を配ってください。

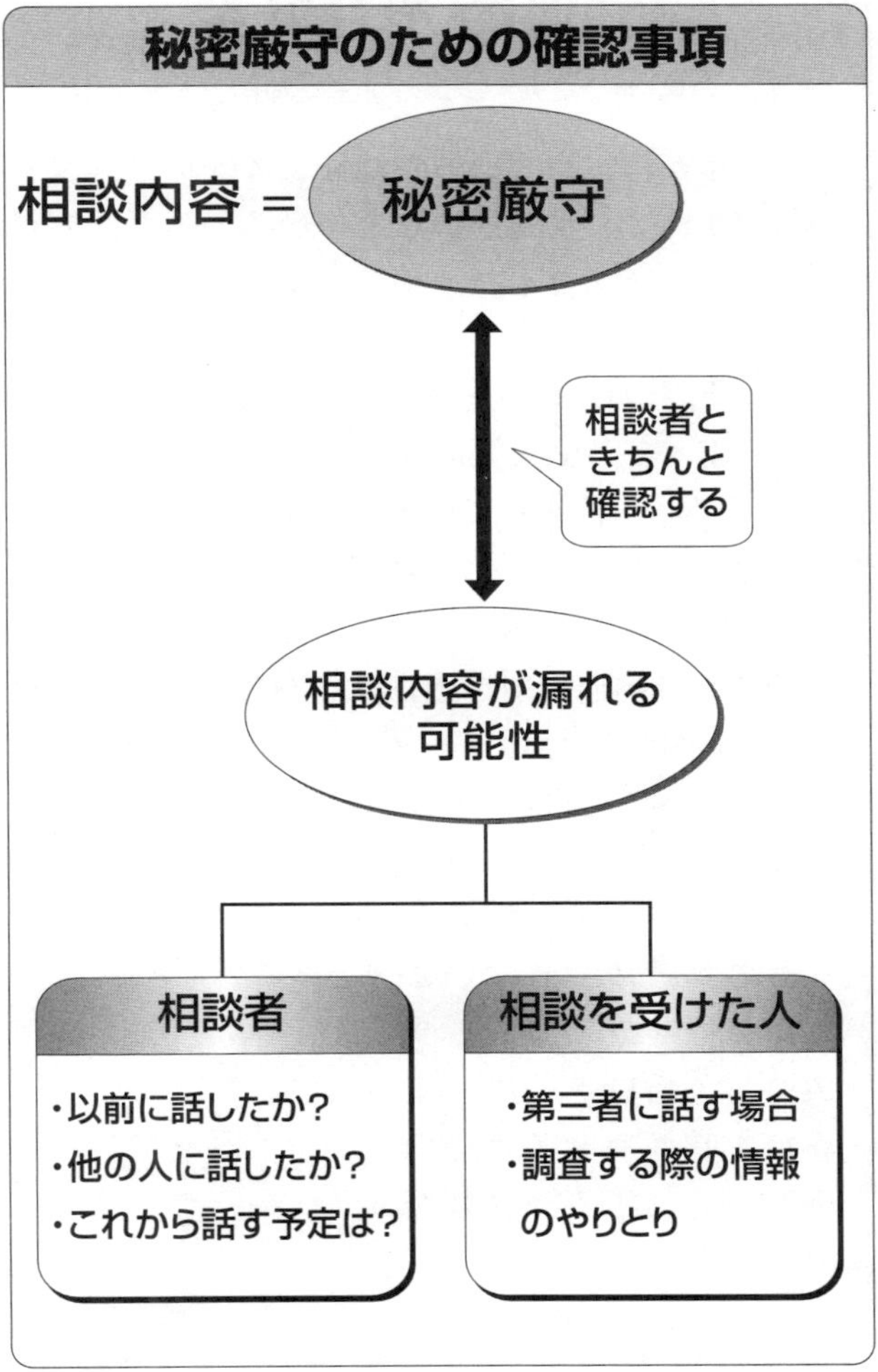
秘密厳守のための確認事項
相談内容 ＝ 秘密厳守
相談者ときちんと確認する
相談内容が漏れる可能性
相談者
・以前に話したか？
・他の人に話したか？
・これから話す予定は？
相談を受けた人
・第三者に話す場合
・調査する際の情報のやりとり

お悩み相談室

～その９　リーダー同士の仲が悪い～

Q 私が担当している営業所に４人のリーダーがいて、仲が悪いことでいろいろと問題があります。どうすればよいですか。

A 原因の1つにリーダー同士が競い合うことによって、個人間の競争心を煽り立て、お互いにライバル視をしていることは考えられないでしょうか。まず、それぞれのリーダーとじっくりと話し合うことが基本です。食事をしながらなど、できるだけ本心を引き出させる場を作ります。営業所の問題点、他のリーダーの評価、メンバーのこと、自分の夢などを自由に話させてください。そこから、それぞれのリーダーの特徴をつかみます。そして、皆が協力しなければ達成できないような目標を立てるのです。協力し、目標を達成する喜びを味わわせるための橋渡しとなる人が必要なのです。

【第2部】　相談の受け方

第4章

解決案の示しかた

1 二つ以上の解決案を提示する

相談を受け、相談者の話を十分に聞いて、その背景を調べたら、どうしたらよいかをアドバイスします。アドバイスをするときに、最良の案を一つだけ提示するのは適切ではありません。**二つ以上の解決案**を提示することによって、相談者が選択し、解決案を自分で決めたと感じるのです。

アドバイスは相手が実行しなければ意味がありません。ですから、相談者の感覚に合った解決案でなくてはなりません。

私が「高齢者の人間関係」という講演をしたときのことです。「子どもや孫に小遣いや贈り物をするので生活が大変だ」という質問を受けました。私は「小遣いや贈り物を減らし、自分の生活を充実させてはどうか」と答えました。しかし、「子どもや孫に小遣いや贈り物をすることが生きがいになっている」と反論されてしまいました。これは合理的な解決策よりも、相手の感覚を重視した回答を求めていたからでしょう。

実行しやすい解決案とは？

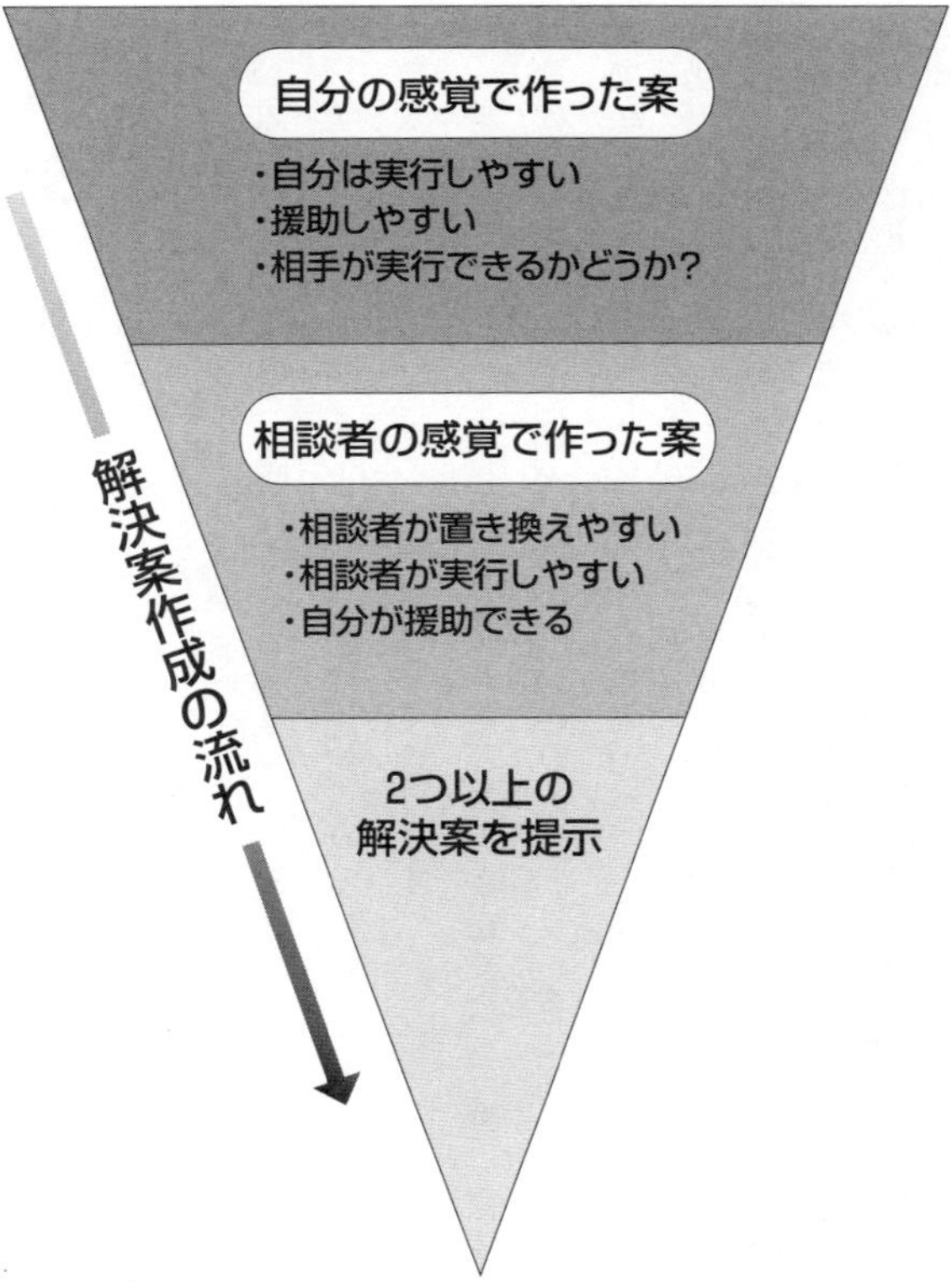
自分の感覚で作った案
・自分は実行しやすい
・援助しやすい
・相手が実行できるかどうか？
相談者の感覚で作った案
・相談者が置き換えやすい
・相談者が実行しやすい
・自分が援助できる
2つ以上の
解決案を提示
解決案作成の流れ

2 メリット、デメリットを伝える

解決案を二つ以上を提示すると同時に、そのメリット、デメリットを話すことも重要です。メリット、デメリットを話した上で相談者に選択させるのです。そうすれば、意に染まないものを無理矢理受け入れるという感覚はなくなります。

私の友人は「葬式をしない」と遺言に残しました。友人が亡くなった際、家族はそれに従いました。その後、家族に話を聞くと「いろいろな人がバラバラに訪ねてくるので、経済的にも、精神的にも、肉体的にも大変だった」と言っていました。

友人は葬式が家族に負担をかけるのではないかと考え、やらないという選択をしたのでしょう。しかし、結果的には余計負担になってしまいました。形式的なことや慣習的なことに対して、一見デメリットと感じることがありますが、必ずしもそうではありません。

メリットとデメリットの両方を知ることで、**より冷静に、状況に応じた判断**ができるのです。

メリット、デメリットはわかりやすく伝える

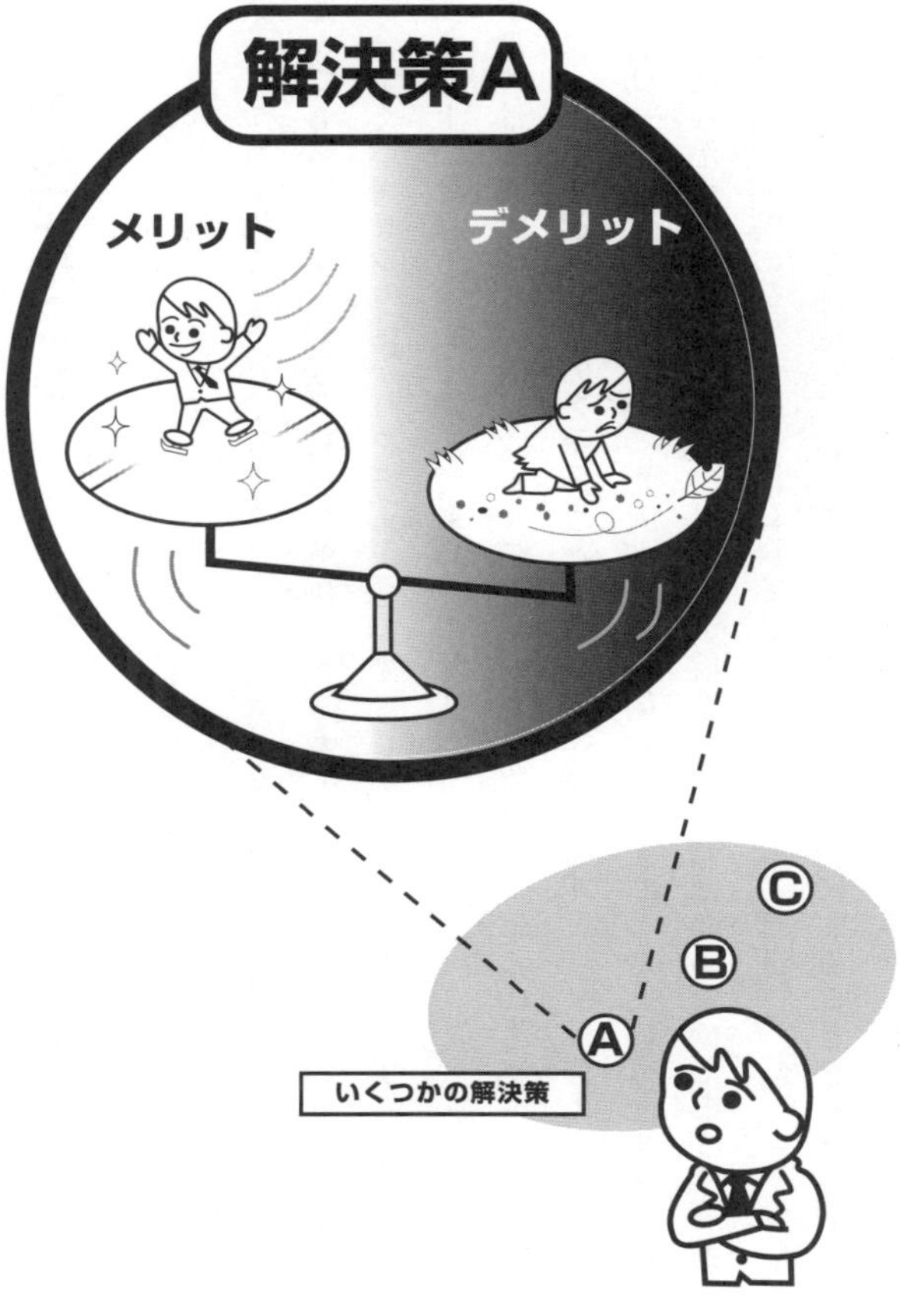

3 相手に選んでもらう

解決案が二つ以上出て、それぞれのメリット・デメリットを提示したら、それを相談者本人に選んでもらいます。相談者自身で解決案を考えていることもあるかもしれませんが、自分に都合よく、メリットばかりを考えがちです。しかしそれを否定せずに、そのデメリットを伝えた上でそれも含めて選んでもらうのです。

実行するのは本人ですし、メリット・デメリットを実際に受けるのも本人です。相談を受けた人は、**相手が選択するのを手伝うという姿勢**に徹します。

最近、新聞や雑誌にガンにかかった人が、外科的な治療を断ったという記事を目にしました。外科的な治療のデメリットは、長期の入院をしなければならないことです。ある年齢になると、長期入院の後で元の生活に戻ることが難しくなります。

そこで、現在の生活を維持していくこと、生きがいを大切にすることをメリットとして選んだのでしょう。

解決案は相手に選んでもらう

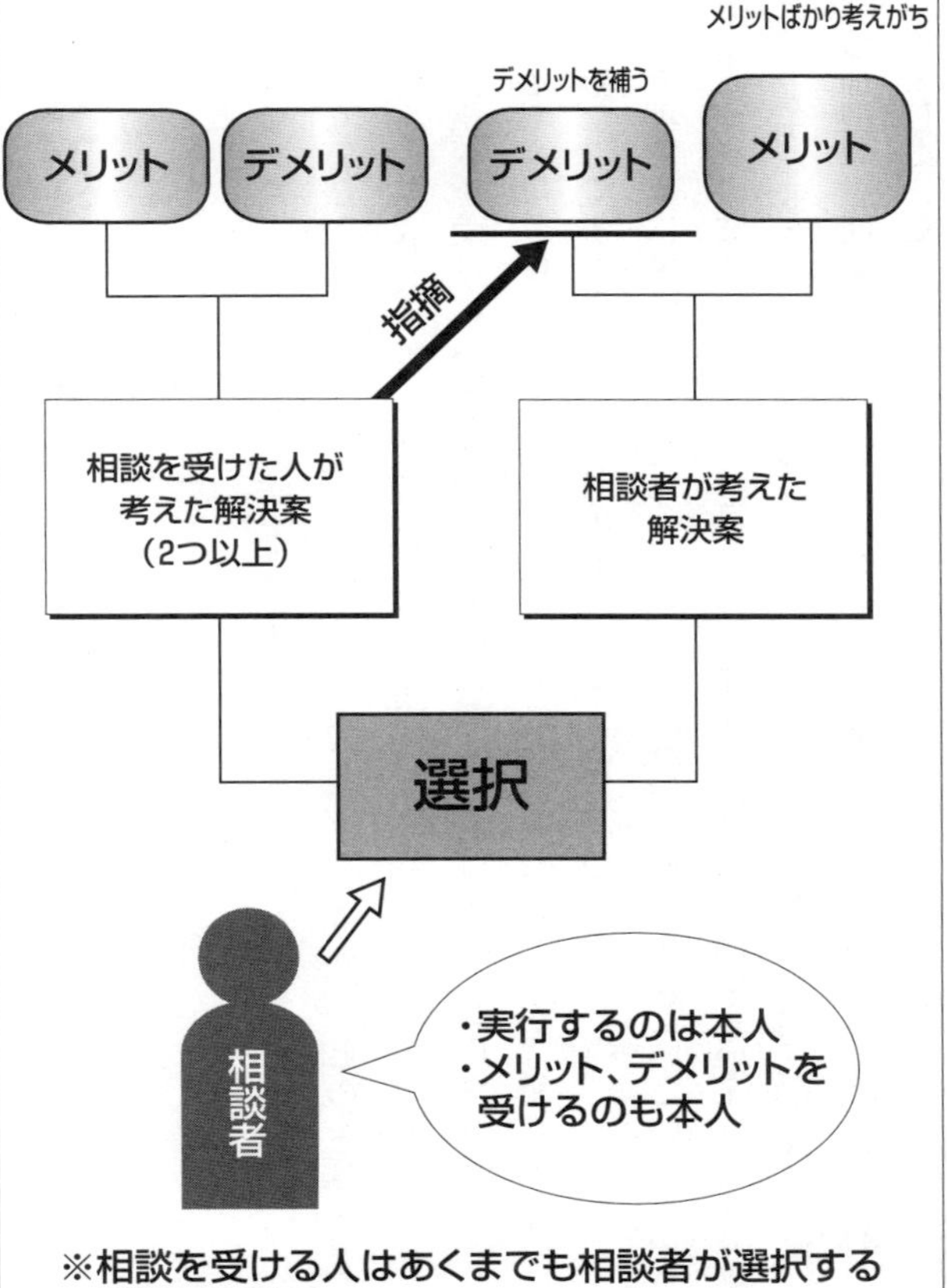
メリットばかり考えがち
デメリットを補う
メリット
デメリット
デメリット
メリット
指摘
相談を受けた人が
考えた解決案
（2つ以上）
相談者が考えた
解決案
選択
相談者
・実行するのは本人
・メリット、デメリットを
受けるのも本人

※相談を受ける人はあくまでも相談者が選択する手伝いをする

4 具体的な方法を示す

解決案が決まったら、具体的な方法を考えます。

「どのような方法が最適か」「どのような人に協力してもらうか」「どのような道具を準備するか」「必要な費用は」などを具体的に考えるわけです。

これらは、相談を受けた人が客観的に、冷静に考えてあげます。途中で、なんでこんな面倒なことをしなければならないんだと投げやりになる人もいますが、相談者を助けようと思って始めたのですから、最後まで相手を支えることが必要なのです。

歌が好きで専門家に付いて勉強し、定年後に老人施設の慰問をしたいという人から相談を受けたことがあります。しかし、老人施設で講演した私の経験からいえば、老人施設での慰問は、上手な歌を聴かせるだけでなく、皆さんに歌ってもらう方が喜ばれるのです。つまり、参加型の慰問です。だから、その人には歌唱指導を勉強するための具体的な方法をアドバイスしました。

5W1Hで具体的な方法を示す

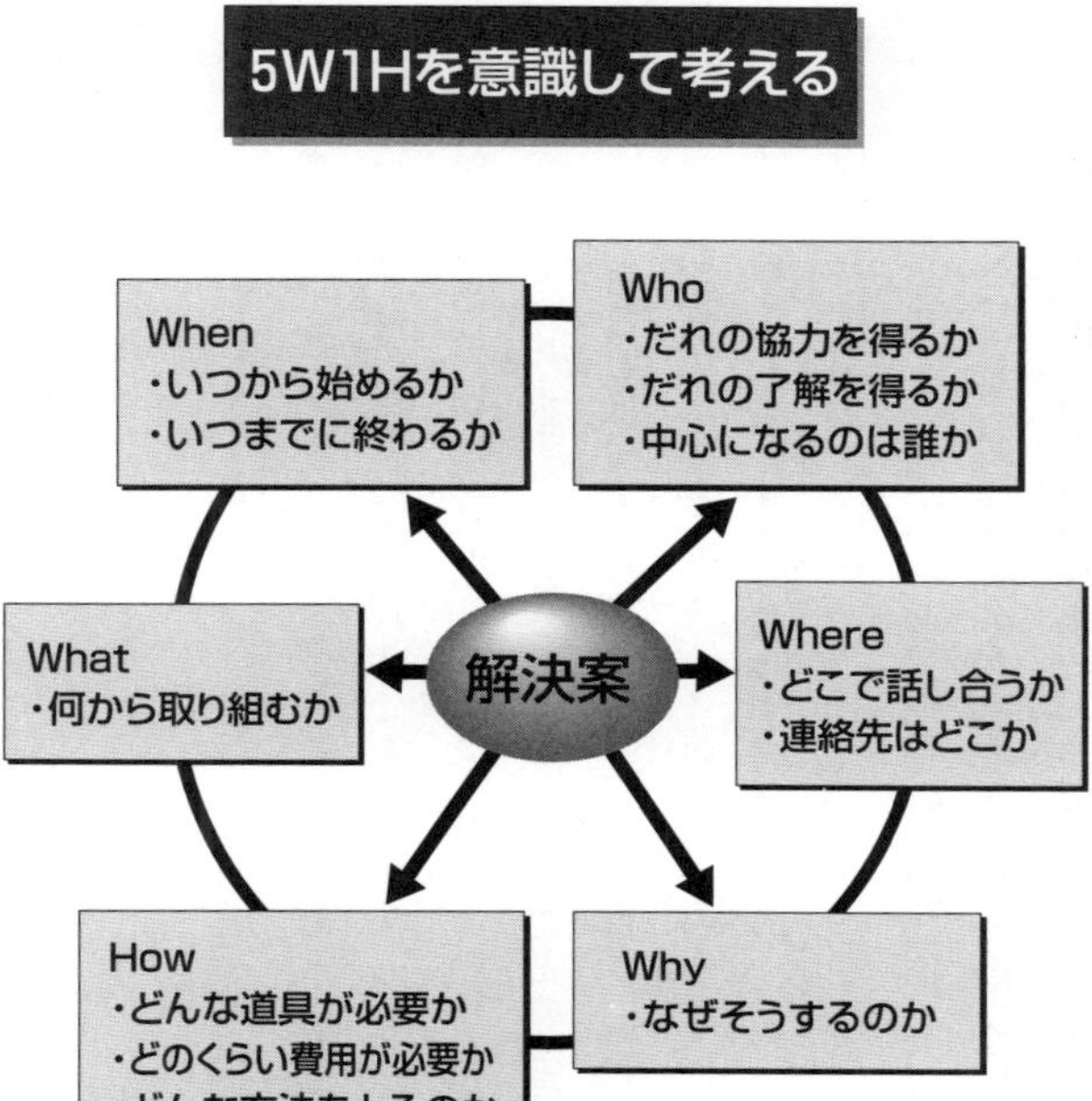
5W1Hを意識して考える
When
・いつから始めるか
・いつまでに終わるか
Who
・だれの協力を得るか
・だれの了解を得るか
・中心になるのは誰か
What
・何から取り組むか
解決案
Where
・どこで話し合うか
・連絡先はどこか
How
・どんな道具が必要か
・どのくらい費用が必要か
・どんな方法をとるのか
Why
・なぜそうするのか

5 実行計画を示す

実行計画は、「いつまでに、どうするのか」を具体的に決めることです。一つひとつの計画を実行し、目標に到達する過程を決めるわけです。

まず、「この問題を解決するには○カ月間かかりそうだ」という全体の見通しを立てます。次に細部の目標を決めていきます。月ごとや週ごと、日ごとの予定を立てるわけです。

相談を受けた人がやるべきことは、「○日までにここまで行う」、「相談者本人は△日までにここまでやる」という細部の計画を立て、「×日に打ち合わせ会を開く」というように計画を立てます。打ち合わせをし、計画の進捗状況を確かめ、「そのまま進めるか」「軌道修正をするか」を決めるわけです。

このときにきちんと計画を立てておかないと、現在の状況に押しつぶされてしまったり、実行をあきらめてしまいがちです。実行計画を立てることは、相談者のやる気を維持させるためにも、相談を受けた人がする大事な仕事の一つです。

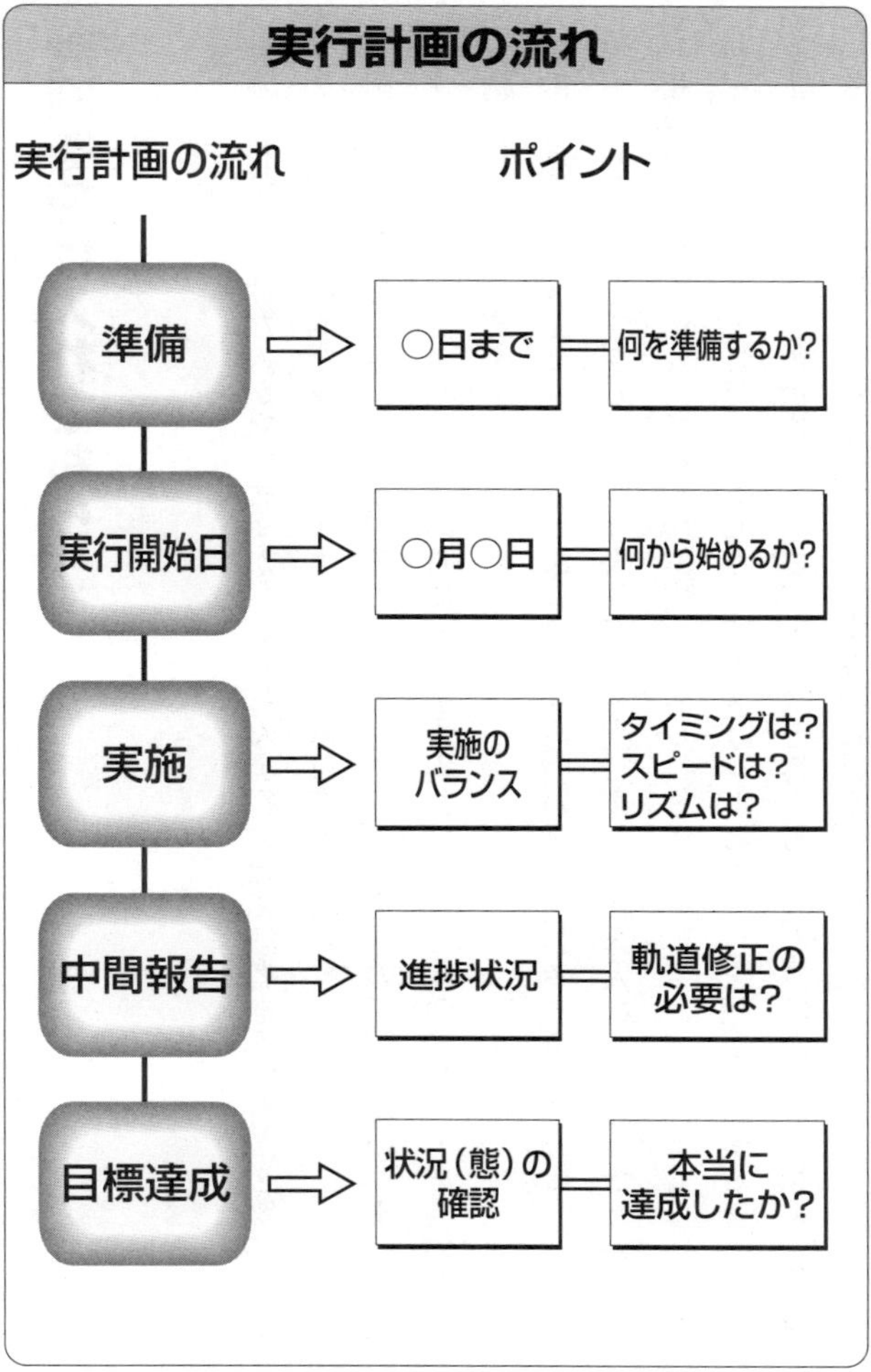
実行計画の流れ
実行計画の流れ
ポイント
準備
○日まで
何を準備するか?
実行開始日
○月○日
何から始めるか?
実施
実施のバランス
タイミングは?
スピードは?
リズムは?
中間報告
進捗状況
軌道修正の必要は?
目標達成
状況(態)の確認
本当に達成したか?

6 計画を受け入れてもらう

計画は相談を受けた人が立てますが、もちろん実行には相談者本人の力が必要になります。そこで、まず計画を受け入れてもらわなければなりません。

計画を受け入れてもらえないと、そこでストップしてしまうので、納得いくまで話し合います。実行しないデメリットと同時に、計画を実行できたときのメリットを具体的に伝え、納得してもらいます。

納得できなければ、どんな方法であればやりたいのかを相談者に話してもらいます。そして、聞いたことをできる限り取り入れて作り直します。聞き入れてもらったという事実が、相談者の気持ちを変えていくのです。

相手が迷っているときは、実施したときのメリットの大きさを相手にわかるように伝え、やる気を起こさせる、選択権を与える、イエスと答える質問を投げかける、相手の能力をほめる、などの納得させるための工夫をするとよいでしょう。

説得する 7 つのポイント

①話し合いで、説得する
（無理矢理の押しつけではない）

②実行することのメリットを
具体的に伝える

③どのような方法ならば、
できるのか相手に言ってもらう

④どのような方法がよいか、
選択肢の中から選んでもらう

⑤イエスと答える質問をする

⑥相手の能力をほめ、後押しする

⑦期限を決める

7 実行する際のポイント

計画し、その計画を受け入れてもらったら、それぞれの分担を決めます。相談者がすること、お互いが協力してやることを確認します。また、もしできなかったときには、どんな問題が起こるかをお互いに確認しておきます。

毎日行うべき行動が、計画全体の中でどのような意味を持っているかも話します。目標を達成するためには**自分の行動の意味を理解しているかどうか**によってモチベーションが大きく違うものです。

もし計画が実施できなかったり、状況が変わってしまったならば、遠慮せずに連絡して欲しいということを伝えます。また、困ったときは手助けをすることも約束しておきます。相談者が計画を実行することに集中できるようにします。

そして、「問題が解決したら、どんなお祝いをしようか」というように、夢を語り、励まし、努力をほめ、問題を解決しようという気持ちを持ち続けさせるのです。

実行力を生み出す素

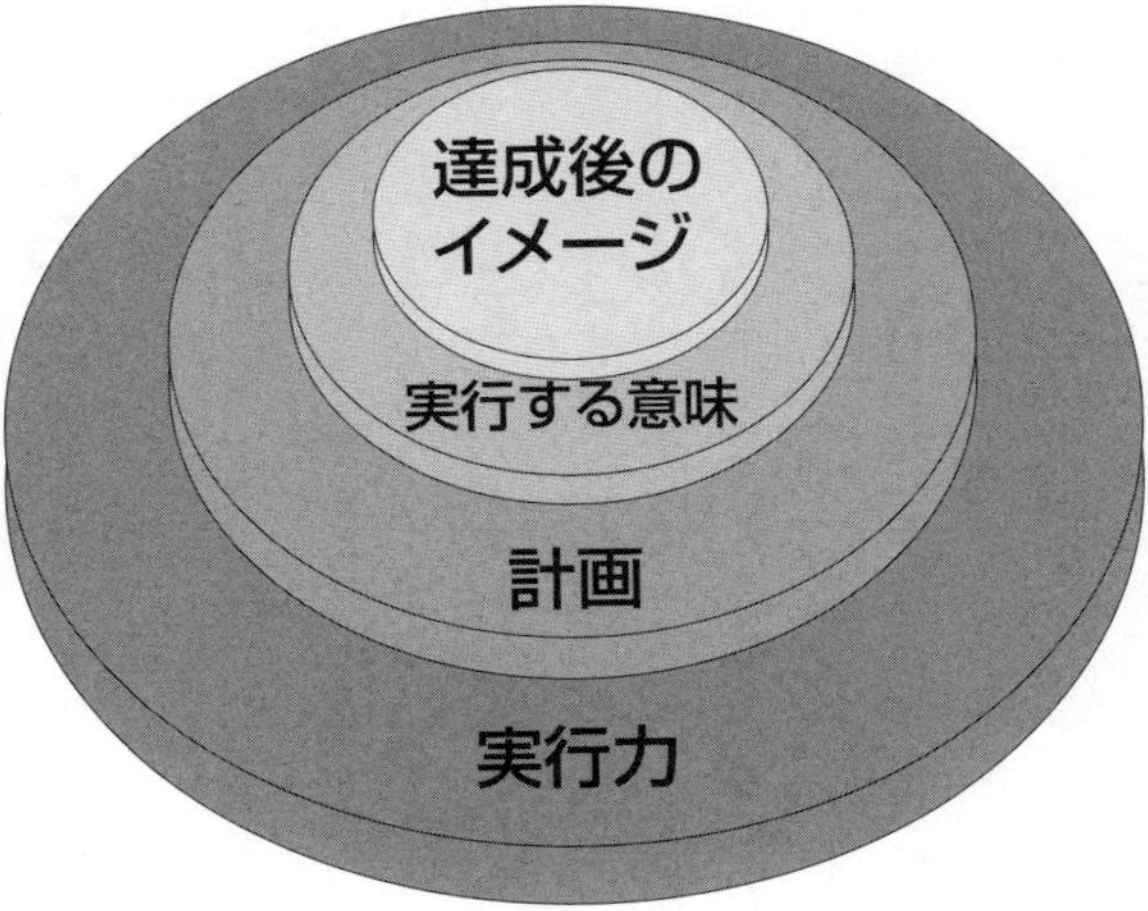
達成後の
イメージ
実行する意味
計画
実行力

8 経過報告の約束をする

問題を解決するために計画を実行するときは、普段の生活リズムと異なることを要求していることが多いのです。普段の生活リズムの中で起こった問題だからこそ、普段と反対のことをする必要があるのです。しかし、指示するだけでは実行できないことも少なくありません。

そこで、問題が発生したときにすぐに手が打てるように、常に連絡を絶やさないように、**定期的に相談の機会を持ちます**。定期的でないと、連絡するのがおっくうになりやすいからです。また、連絡する日が決まっているだけで安心感が増します。

報告を受けるときは、相手の気持ちを受け止めるのはもちろんのこと、「ほめる言葉」「ねぎらいの言葉」「励ましの言葉」を忘れずにかけてください。そして、何が起こったのかという事実を捉える努力をしてください。もし、報告が途絶えたときは、うまくいっていないと考えておいた方がよいでしょう。

経過報告の必要性

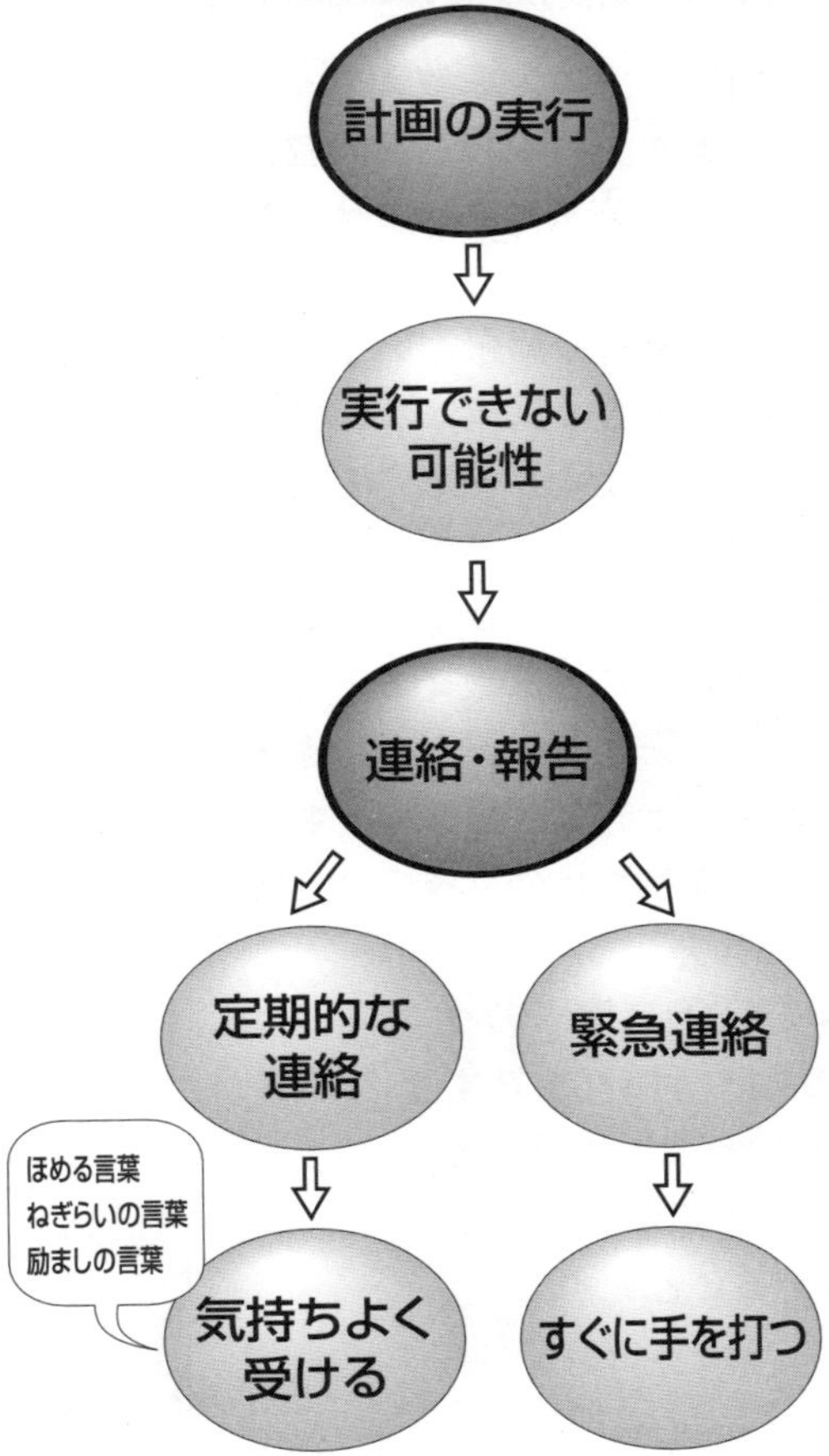
計画の実行
実行できない可能性
連絡・報告
定期的な連絡
緊急連絡
ほめる言葉
ねぎらいの言葉
励ましの言葉
気持ちよく受ける
すぐに手を打つ

お悩み相談室

～その10　教え方に困っている～

Q 上司にパソコンを教えてくれるよう頼まれています。しかし、何回教えても覚えてくれません。よい方法はありませんか。

A これは上司の問題というよりも、あなた自身の教え方に問題はないでしょうか。教えているときに、上司が望むことをいっぺんに教えてはいませんか。教える量が多過ぎると１回では覚えきれず、常に最初からやり直さなければなりません。複雑なことを教えるときは、段階を踏んで教えます。たとえば、グラフを入れた文書の作り方を教えるときは、少なくとも４つの段階が必要です。①文字だけの文書の作り方、②図や絵や記号の入れ方、③グラフの作り方、④文書へのグラフの貼り付け方です。前に教えたことができるようになってから次のことを教えることです。

【第2部】　相談の受け方

第5章

解決のための
4つのステップ

1 相談後にフォローをする

相談を受け、アドバイスをした後は、まずは見守ってください。

そして、問題があると感じたら、すぐに声をかけることです。**問題は小さいうちに芽をつみ取る**ことが大切です。

相談者がいくら努力しているからといっても、目を離してはいけません。機会あるごとに声をかけることが必要です。「がんばっているね、だいぶよくなったよ」と励ましたり、「随分よくなったね、もう一息だよ」とねぎらったり、「あなたを見ているとこちらも嬉しくなるよ、成果が出始めたね」などと共に喜んだりします。

努力をしている人にとって、周りが見ていてくれていることで努力が報われるのです。努力しても、だれも気づかなかったり、無視されるとやる気が失われてしまいます。

また、手を抜いたときは「信頼していたのに君らしくないよ」などの注意することが、気を引き締めるきっかけになります。

相談後のフォロー4つのポイント

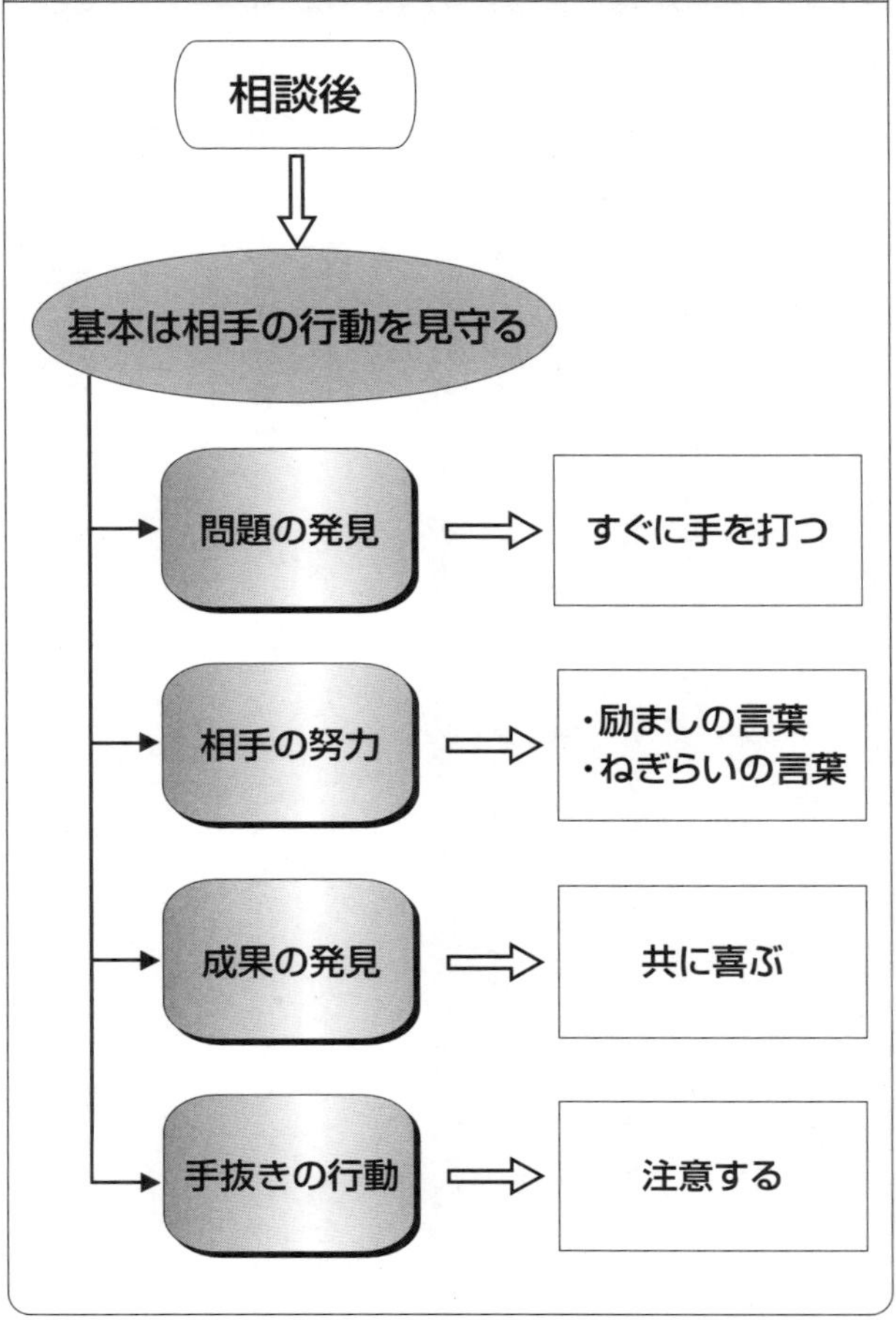
相談後
基本は相手の行動を見守る
問題の発見
すぐに手を打つ
相手の努力
・励ましの言葉
・ねぎらいの言葉
成果の発見
共に喜ぶ
手抜きの行動
注意する

2 苦手なところを支える

だれにでも得手・不得手はあるでしょう。苦手なことはできればやりたくないものです。ですから、つい怠けがちになります。相談を受けた人は相談者の補助をして、行動を支えていくことも必要です。

私のところに、断ることの苦手な人が相談に来たときのことです。人間関係を壊してしまうのがこわくて、断れないということでした。予定があるにもかかわらず、前に入っていた予定の時間をずらしてもらえばよいと考え、無理な予定を入れてしまったのです。前の仕事をこなして、急いで次の仕事に駆けつけましたが時間に遅れてしまいました。それによって相手に多大なる迷惑をかけてしまいました。

私はその人にどのように謝ったらよいかアドバイスをした後、それだけでは再び問題を起こすので、「先約を最優先」という原則を作り実行させました。先に予定が入っていれば、どんな依頼も断るという原則です。こんな単純なことでも支えになるのです。

苦手なことには支えが必要

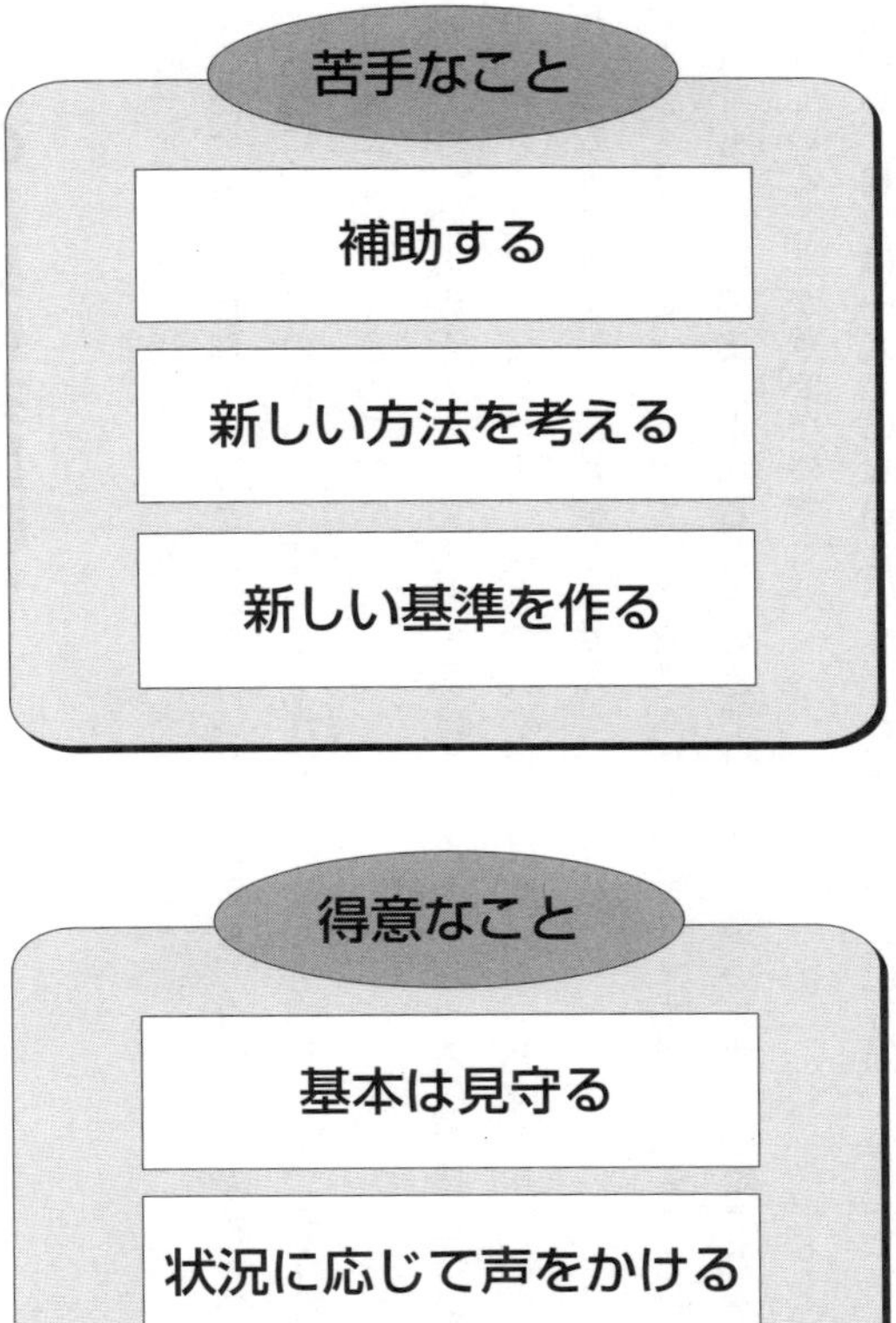
苦手なこと
補助する
新しい方法を考える
新しい基準を作る
得意なこと
基本は見守る
状況に応じて声をかける

3 問題解決のために共に戦う

弁護士や公認会計士、税理士の方とお付き合いしていると、自分自身の名誉のために戦っていると同時に、依頼者の代わりに戦ってくれていることを感じます。そうなると、依頼者もより本気になってくるのです。

相談も同じです。周りがどれだけ協力してあげられるかが、やる気の持続に影響してきます。本人だけががんばっていても、周りの人が自分は関係ないとばかりにしらけているという状況ではなかなか気持ちは持続しません。

本人だけしかできないことをやっているとき、周りがやってあげられることは限られています。それでも、周囲の支えがあるとないとでは大きく違います。実際に力を貸せなくても、見守っていることが重要なのです。

だれかがいる、自分は一人ではないということで本人の負担も軽くなります。周りの力は、マイナスの、プラスの相乗効果にもなるのです。

相談者と共に戦う3つのポイント

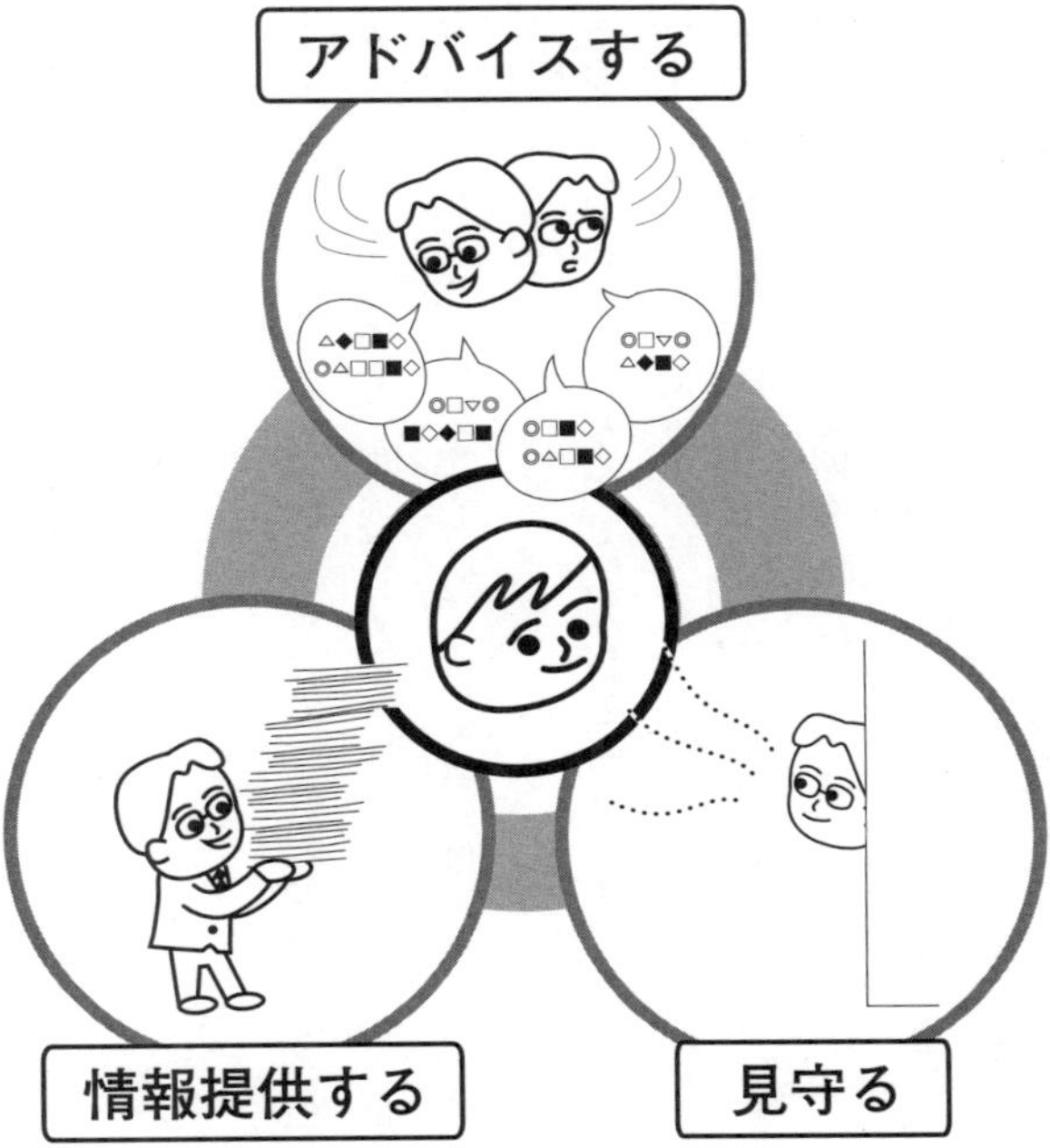

4 問題が解決したら共に喜ぶ

目標を達成したとき、がんばった自分に対してご褒美をあげたことはないでしょうか。これはとても大切なことなのです。相談されたときはなおさらです。問題に苦しんでいるときでも、解決して共に喜んでいる姿をイメージできれば、モチベーションは高まり、困難を乗り越える力になるのです。

会社ではプロジェクトの区切りなどで飲み会を開いたりします。そこで仕事の苦労や、失敗談などを話すことによって気持ちがリフレッシュします。反省会などと称すものも業務上の建前であり、基本は問題解決を共に喜ぶ会なのです。問題が解決したときは協力してくれた人を含めて、何らかの会を開くとよいでしょう。

いかに苦労して、がんばったかを語り合うのです。それによって、多くの人に支えられていることを確認し、孤独でないことを実感できるのです。これが生きる自信になり、次の問題に立ち向かう意欲につながっていくのです。

問題解決後7つのステップ

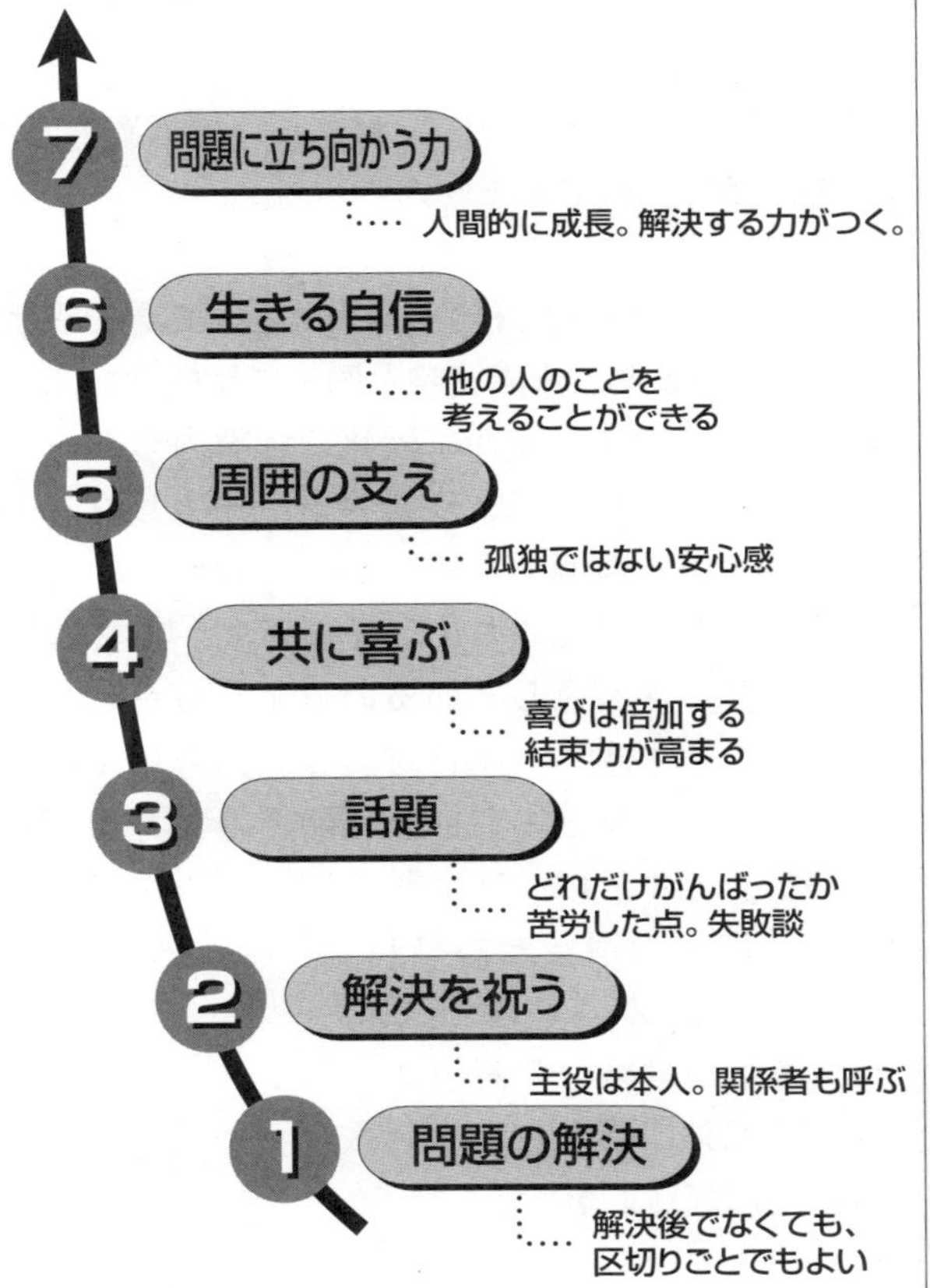
7
問題に立ち向かう力
人間的に成長。解決する力がつく。
6
生きる自信
他の人のことを
考えることができる
5
周囲の支え
孤独ではない安心感
4
共に喜ぶ
喜びは倍加する
結束力が高まる
3
話題
どれだけがんばったか
苦労した点。失敗談
2
解決を祝う
主役は本人。関係者も呼ぶ
1
問題の解決
解決後でなくても、
区切りごとでもよい

お悩み相談室

～その11　仕事が評価されない～

Q 連日、残業して資料を作り、なんとか期日に間に合わせたのに、ねぎらいの言葉もなく、その評価に納得できません。

A 企業は努力を評価するよりも、結果で評価しています。入学試験と同じで試験や成績で評価されるのです。確かに残業には努力しているという面もありますが、残業手当が発生しコストアップしている側面もあり、いかに効率よく行うかということが重視されているのです。企業は「能力の消費」を評価しているのです。しかし、いろいろな方法を求め、試行錯誤し、努力しなければ能力は高まりません。いわば個人の努力は「能力の蓄積」です。以前は企業でも「能力の消費と蓄積」の両方を認めていましたが、最近では能力の蓄積は勤務時間外に要求されている傾向にあります。

■著者
大畠　常靖（おおはた　つねやす）
能力開発インストラクター。大手企業を中心に社員の能力開発、ディベート研修、営業研修、プレゼンテーションの講師、企業内講師の育成、指導を手がけている。豊富な相談経験を持つ。
生命保険会社の営業マン、指導担当、営業管理責任者を経て、株式会社話力研究所に入社、主に話力講師、接遇講師として活躍。同社副社長を経て、1993年ヒューマンウェア研究所を設立。「話し方」を理論化し、コミュニケーション力の向上に尽力している。
著書に『通勤大学基礎コース「話し方」の技術』『営業トークのすべてがわかる本』『セールス技法のすべてがわかる本』（以上、総合法令出版）、『説得力をつける100の秘訣』（文教書院）、『プレゼンテーション能力のみがき方』（同文舘出版）、『デジタルプレゼンテーション入門』（日本経営協会）など他多数。

通勤大学文庫
通勤大学基礎コース　相談の技術
2003年10月7日　初版発行

著　者　大畠常靖
装　幀　倉田明典
イラスト　田代卓事務所
発行者　仁部　亨
発行所　総合法令出版株式会社
〒107-0052　東京都港区赤坂1-9-15
日本自転車会館2号館7階
電話　03-3584-9821
振替　00140-0-69059
印刷·製本　祥文社印刷株式会社
ISBN4-89346-813-8

総合法令出版ホームページ　http://www.horei.com